水田 哲郎

Tetsuro Mizuta

対立・抵抗を解消し合意に導く

改革リーダーの コミュニケーション術

日経BP

はじめに

　事業のグローバル化、顧客ニーズの多様化、働き方改革の要請など、企業を取り巻く環境が劇的に変化し、さらなる生産性の向上や新しい付加価値の提供が求められています。一方で、AI（人工知能）、クラウド、ロボティクスなど、情報技術が急速に進み、これまでにない新しいサービスや業務の仕組みが実現できるようになりました。

　このような背景を受け、業務改革やIT改革に取り組む企業が急増しています。業務改革とは、業務のプロセスや制度、組織、職場環境を大きく見直すこと。IT改革とは、情報システムの機能や基盤（インフラストラクチャー）を大きく見直すことです。

　一般に、業務やITの改革は、プロジェクトを編成して進めます。その際、発起人となる経営層は、改革の狙いや範囲と関係する事業部門やスタッフ部門からプロジェクトメンバーを選びます。そして、プロジェクトでの検討や準備、実行をけん引するメンバーを推進事務局に任命します。本書では、プロジェクトの要（かなめ）となる、推進事務局の中心メンバーを「改革リーダー」と呼ぶことにします。

　改革リーダーは、プロジェクトを成功に導くため、経営層や事業部門やスタッフ部門などの関係者から協力を取り付ける必要があります。そのためには、プロジェクトの趣旨や進め方、検討内容などを、関係者が理解、納得できるように伝えなければなりません。また、改革内容の検討や準備で必要な、関係者の持つ情報や意見をしっかり受け取ることも大切です。そして、プロジェクトでの検討内容に対して、関係者全員から十分な合意を得ることは特に重要です。

　改革プロジェクトでは、所属する部署や立場が異なる関係者の間での意見対立や、現行業務およびITに思い入れのある関係者からの抵抗が頻繁に発生するものです。それをそのままにしておくと、関係者から協力を得られず、改革は思うように進みません。改革リーダーには、対立

や抵抗を解消して、関係者全員の合意を取り付けることが求められるのです。

　本書は、改革リーダーが持つべき3つのコミュニケーションスキル——改革推進側の持つ情報や意見を関係者に「伝える」、相手の持つ情報や意見を「受け取る」、プロジェクトの関係者の間で意見が食い違ったときに双方が納得する形で「合意に導く」——の豊富な実践ワザを、ストーリー仕立てで理解できるようにした解説書です。

　筆者は、30年以上の間、数多くの業務改革やIT改革のプロジェクトを支援してきました。担当した顧客企業の業種や業務、導入してきたITは多種多様です。しかし、すべてのプロジェクトに共通している点があります。それは、関係者とのコミュニケーションが成功の鍵になるということです。

　改革プロジェクトを支援する中で、筆者は、「伝える」「受け取る」「合意に導く」という3つのコミュニケーションスキルを合わせた「コミュニケーション術」を知識として習得して実践し、自分なりにノウハウを蓄積してきました。本書では、改革を進める上で、筆者が特に有効だと考えるコミュニケーションスキルの考え方と方法を具体的に解説します。改革プロジェクトに付き物の「対立」「抵抗」をいかに解消して合意に導けるのかの視点でコミュニケーション術を汎用的・実践的にまとめた内容は、他では学べないのではないかと考えています。

　本書の構成は以下になります。
　第1章「コミュニケーションの基本」では、コミュニケーションの定義や分類、改革リーダーがプロジェクトを成功させるためのコミュニケーションのポイントを解説します。
　第2章「伝わらないと始まらない」では、こちらの持つ情報や意見を、関係者が理解、納得してもらえるように伝えるスキルを紹介します。改革プロジェクトで伝えるべき情報や準備すべき情報、効果的にプレゼン

テーションする方法を解説します。

　第3章「相手の言いたいことを正しく聞き出す」では、関係者が持つ情報や意見を受け取るスキルを紹介します。改革プロジェクトで集めるべき情報と集め方、欲しい情報や意見を抜け漏れなく効率良く集めるための質問法と聞き方の2つを解説します。

　第4章「合意はコミュニケーションの最高峰」では、改革プロジェクトでの検討内容に対して、関係者全員から合意を得るスキルを紹介します。会議の運営方法や議論の進行方法、対立や抵抗が発生した際に意見の相違点を明らかにして双方が納得する形で擦り合わせる方法を詳説します。

　第5章「コミュニケーション能力を発揮するために」では、コミュニケーションで留意すべきポイントを紹介します。対面とオンラインを使った非対面のコミュニケーションを使い分ける方法のほか、コミュニケーションを円滑に進める上で有効な日常の行為について触れます。

　興味を持って読んでいただけるように、全章にわたって架空の改革事例を使いました。3つのスキルを紹介する第2〜4章では、それぞれの章で取り扱うスキルの理解を深めるための演習を出題しています。そして、第2〜5章では、筆者が実際に経験した、各章と関係するコミュニケーションにまつわる経験談をコラムとして紹介しています。

　改革プロジェクトを推進するリーダーは、社内業務改革から基幹システム刷新、DX（デジタル変革）プロジェクトなど、企業のあらゆる取り組みの現場で、今このときにも奮闘しているのではないでしょうか。コミュニケーション術の中から気に入ったポイントやワザを、今日からぜひ実践していただければと思います。

　本書で紹介する内容が、少しでも皆さんのお役に立つことができれば、これ以上の喜びはありません。

2024年3月

水田 哲郎

目次

第5章 コミュニケーション能力を発揮するために

第 1 章

コミュニケーションの基本

業務や IT の改革に積極的な企業 コミュニケーションが成功の鍵

業務や IT の改革を進めるには様々な関係者とのコミュニケーションが必要だ。その際には事業部門などからの抵抗や部門間の対立が頻繁に発生する。改革リーダーには、関係者全員が納得できる形で結論を見いだす高度なスキルが求められる。

　近年、業務やITの改革に取り組む企業が急激に増加しています。その背景には2つの理由があります。1つめは市場ニーズの多様化、グローバル化の進展、労働人口の継続的な減少、働き方改革の要請などに伴い、企業にはさらなる生産性の向上や新たな付加価値の提供が求められていること。2つめはセンサー、無線通信、クラウド、AI（人工知能）、ロボティクスなどデジタル技術の高性能化や低価格化が進み、これまでできなかった業務の仕組みを実現できるようになったことです。

　業務を改革するには、業務プロセスや組織・制度、職場環境、情報システムを見直します。また、ITの改革では、情報システムの機能やアーキテクチャーを見直します。それぞれについて、経営層や関係する事業部門、スタッフ部門は共同で改革内容を検討し、準備や実行を進めます。その際には、従来活用してきた情報技術だけでなく、近年進化を続けるデジタル技術を活用することが重要です。

　そのため、業務やITの改革プロジェクトで推進役を任された人材（改革リーダー）は、経営層や社内の様々な部門、外部パートナーとコミュニケーションを取る必要があります。

「抵抗」や「対立」へ適切に対処する

　業務やITの改革は、従来のやり方を大きく変える活動です。改革の必要性が理解されたとしても、既存の業務やITを見直すとなると、事業部門などの関係者から抵抗を受けることが多く、関係する部門同士で意見の対立が頻繁に発生します。そこで、改革リーダーは随時発生する「抵抗」や「対立」に適切に対処し、改革プロジェクトの活動や内容について関係者全体から合意を取り付けなければなりません。

　このように、改革リーダーには、様々な立場や価値観を持つ関係者と高度なコミュニケーションを取るスキルが求められるのです。

　筆者は30年以上、顧客企業の業務改革、IT改革のお手伝いをしてきました。そこでは、プロジェクトの責任者となる経営層、業務を担当する事業部門の管理者や実務担当者、プロジェクトの推進役となる企画部門やIT部門とのコミュニケーションが必要になります。立場の異なる彼らの意見は食い違うことが多く、総意の結論を導き出すのに苦労して

図1-1　改革リーダーは様々な関係者と関わりを持つ
改革推進で求められるコミュニケーションスキル

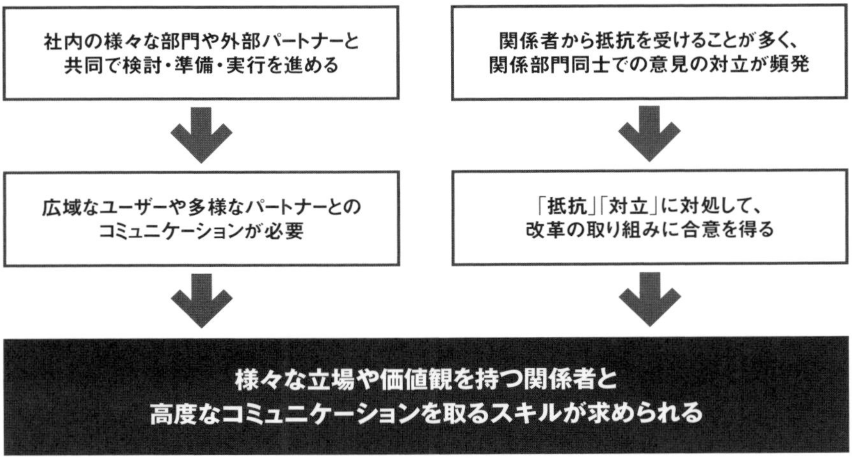

| 社内の様々な部門や外部パートナーと共同で検討・準備・実行を進める | 関係者から抵抗を受けることが多く、関係部門同士での意見の対立が頻発 |

広域なユーザーや多様なパートナーとのコミュニケーションが必要

「抵抗」「対立」に対処して、改革の取り組みに合意を得る

様々な立場や価値観を持つ関係者と高度なコミュニケーションを取るスキルが求められる

きました。

　特に最近の改革プロジェクトでは、これまで以上に関係する部門のメンバーからの抵抗や、関係者間における意見の対立が生じることを実感しています。それは、業務、ITを抜本的に見直すプロジェクトが増えているからではないかと考えています。

　筆者はこれまで、上記の活動を通してコミュニケーションに関する考え方や方法を学び、実践を繰り返す中で具体的なノウハウを蓄積してきました。本書ではそのノウハウを基に、改革リーダーの皆さんに対して、改革を推進する際に求められるコミュニケーションの考え方と方法を、架空の業務改革プロジェクトの事例を用いて解説します。

工場業務改革プロジェクトの推進役を任される

　スピード工業は、X線撮影装置、超音波診断装置などの医療機器を製造・販売する、売上高3000億円、従業員5000人の精密機器メーカーだ。

　高齢化の進展や海外市場への進出により需要が拡大し、近年、継続して売り上げを伸ばしている。一方で、工場での生産性の低下や調達コストの上昇により、製造コストが計画を上回る状況が続いている。その結果、売り上げに比べて利益の伸びは低迷している。

　このような背景を受け、スピード工業では、製造コストの抑制を目的として、工場を対象とした業務改革プロジェクト（工場業務改革プロジェクト）の発足を決定した。そのプロジェクトでは、国内にある川崎工場、小田原工場、三島工場のうち、まず川崎工場で先行した取り組みを行い、その結果を他の工場へ展開する計画が立てられた。

　川崎工場での工場業務改革プロジェクトの責任者となった森山工場長は、設計部、製造部、資材部、品証部から、それぞれの部署の中心メンバーである課長層10人を、業務改革で実現したい内容を検討する「検討メンバー」に選出。そして、IT部の岡田課長、濱野主任、早川主任の3人を、プロジェクトの進め方の検討、会議体の進行、検討の準備とまとめを担当する推進事務局に任命した。

岡田

　推進事務局のリーダーを務める岡田は、これまでに重要なシステム化プロジェクトを成功に導いた経験を持つ、社内で評価の高いITエンジニアである。しかし今回、推進役を任され、いつになく気が重かった。

　理由の1つは、これまで業務改革プロジェクトの経験がなかったことだった。文献などで一般的な知識を習得していたが、推進するときの勘所が分からなかった。

　気が重いもっと大きな理由は、現場の各部署から選ばれた検討メンバーの顔ぶれにあった。それぞれの部門で中心となって活躍する、非常に多忙なメンバーばかりだ。彼らにプロジェクトの検討で協力を得られるのか…。

　また検討メンバーの多くは、自分の意見を持ち、それをはっきりと主張するメンバーだった。彼らの意見が合えば、プロジェクトは大きな成果を上げられるかもしれない。しかし意見が対立したら、プロジェクトが空中分解するのではないか…。

　検討メンバーからの協力を取り付け、意見が対立したときに事態を収めるには、高度なコミュニケーションスキルが必要になるだろう。しかし、自分を含めた推進事務局の顔ぶれは、いかにも心もとなかった。岡田は、今後のことを考えると、不安で胸がいっぱいになっていた。

■コミュニケーションは双方向

　ここでは、コミュニケーションとそのスキルを定義した上で、コミュニケーションの分類について解説します。

　一般に、コミュニケーションとは「自分が伝えたい情報や意見を相手に伝え、相手の伝えたい情報や意見を受け取ること」と定義されています。コミュニケーションは、情報や意見を一方的に伝える、受け取ることではなく、「双方向のやり取り」だと理解しておく必要があります。

　改革プロジェクトでは、解決すべき問題・課題やそれらの解決策などを検討する際、関係者の間で意見が分かれることが頻繁に発生します。そのため改革リーダーにとっては、関係者の間で意見が分かれたときに、双方が納得できる形で意見を擦り合わせる行為は特に重要です。そこで本書では、コミュニケーションを「複数の関係者がお互いの持つ情報や意見を伝え合い、それが食い違うときに双方が納得する形で擦り合わせること」と定義します。

■必要な３つのスキル

　コミュニケーションスキルとは「コミュニケーションを円滑に行う能力」のことです。

　「コミュニケーション力が高い」とは「人を引きつける話し方ができる人」でしょうか。必ずしもそうではありません。いくら話し方が上手でも、相手の意見を聞かずに一方的に話したり、相手の立場や感情を無視して話したりするようであればコミュニケーション力が高いとはいえません。

　また、相手の伝える情報や意見を「なるほど！」「おっしゃる通りです！」などと、合いの手を入れながら聞くことのできる「聞き上手」も、自分が伝えるべき情報や意見を正しく伝えられないのであれば、やはりコミュニケーション力が高いとはいえません。

本当にコミュニケーションの上手な人は「自分の伝えたいことを誤解なく伝え、相手の伝えたい情報や意見を正しく受け取り、意見が食い違うときに双方が納得する形で擦り合わせられる＝合意に導ける人」です。

そのためコミュニケーション力を強化するには、「伝えるスキル」「受け取るスキル」「合意に導くスキル」の3つのスキルを身につけることが重要です。

図1-2 相互に情報や意見を伝え合い、意見を擦り合わせる
身につけるべき3つのスキル

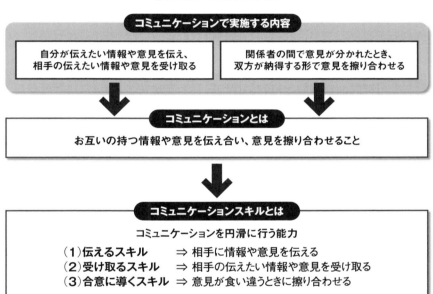

コミュニケーションの分類

コミュニケーションスキルを上達させるには、まず、その種類を理解しておくことが出発点になります。コミュニケーションの種類を分類する方法はいくつもありますが、ここでは (1) 目的、(2) 対象者数、(3) 表現方法、(4) コンタクト手段、の4つに分類し、それぞれについて解

説します。

（1）目的による分類

　コミュニケーションの目的は、大きく分けると「伝える」「受け取る」「合意する」の3つです。前述の通り、「伝える」は自分が伝えたい情報や意見を相手に伝えることで、「受け取る」は相手の伝えたい情報や意見を受け取ることです。「合意する」は、関係者の間で意見の食い違いが生じたときに意見を擦り合わせることです。この3つには、それぞれを上手に実施するためのスキルやテクニックがあります。

図1-3　それぞれの分類にスキルとテクニックがある
コミュニケーションの4つの分類

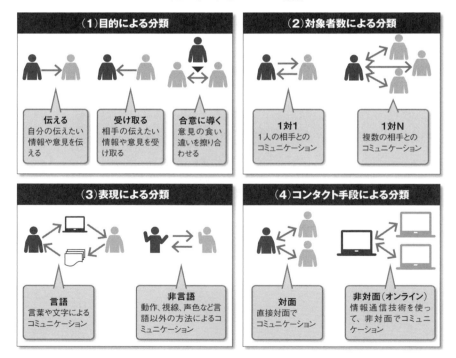

(2) 対象者数による分類

コミュニケーションには、相手が1人の場合と複数の場合があります。相手が1人のときのコミュニケーションを「1対1」、相手が複数のときのコミュニケーションを「1対N」と呼びます。

通常、「1対N」は「1対1」より難易度は高くなります。特に大勢を相手にするコミュニケーションで、自分の意見を全員に誤解なく伝えたり、相手の伝えたいすべての意見を抜け漏れなく受け取ったりするには、高度なスキルが必要です。

(3) 表現方法による分類

コミュニケーションでの表現方法は「言語」と「非言語」に分類されます。言語とは、言葉や文字によるコミュニケーションです。一方で非言語とは、顔の表情や身ぶり手ぶりなどの動作、目の動きなどの視線、声のトーンや大きさなどの声色、説明での間の置き方やタイミング、身体的な接触や姿勢といった言語以外の方法でのコミュニケーションです。

情報や意見を言語だけで伝えることには限界があります。米国のコミュニケーション研究者であるレイ・L・バードウィステルは、言語によって伝えられるメッセージは全体の35％にすぎず、残りの65％は非言語によって伝えられるという研究成果を発表しています。そのため、特に重要な情報や意見、分かりにくい情報や意見をやり取りする際は、言語だけでなく非言語を活用して伝え、相手の非言語にも着目して受け取ることが重要です。

(4) コンタクト手段による分類

従来コミュニケーションは、相手と直接対面して行われることが一般的でした。ところがグローバルビジネスの進展、新型コロナウイルスの感染拡大などの理由から、対面のコミュニケーションが難しい局面が増えてきました。一方で、情報通信技術の発展により、遠く離れた相手とオンラインでコミュニケーションを取るインフラが整いました。

そのため、「非対面（オンライン）」でのコミュニケーションが日常化しています。状況に応じて「対面」「非対面」を使い分ける方法を知っておくと役立つでしょう。

改革推進のコミュニケーション 相手ありきで留意する5つの要点

業務やITの改革を推進するには高度なコミュニケーションが求められる。相手への理解を前提とする5つのポイントに留意して関係者と対峙することが重要だ。関係者からの抵抗や部門間の対立に対処する場面などに役に立つ。

　業務やITの改革を成功させるには、経営層、事業部門、情報技術やデジタル技術を提供するパートナーなど、様々な関係者とコミュニケーションを取る必要があります。

　コミュニケーションとは、複数の関係者がお互いの持つ情報や意見を伝え合い、それが食い違うときに双方が納得する形で擦り合わせることです。業務やITの改革を推進する際に留意すべきコミュニケーションのポイントを解説します。

改革推進のアドバイスを依頼する

　精密機器メーカーのスピード工業は、売り上げが拡大する一方で、製造コストが上昇しており、利益の伸びが低迷している。そこで、製造コストの削減を目的として、工場業務を対象とした「工場業務改革プロジェクト」を発足した。

　プロジェクトの責任者を務める川崎工場の森山工場長は、検討メンバーとして設計部、製造部、資材部、品証部から精鋭メンバー10人を、推進事務局としてIT部から岡田課長、濱野主任、早川主任の3人を選出した。

推進事務局のリーダーに任命された岡田は、検討メンバーから協力を得たり、メンバー間の意見の対立を収めたりするには高度なコミュニケーション力が必要と考え、不安を募らせていた。そこで、アドバイザーとして外部の有識者にプロジェクトに参加してもらうことにした。

　取引先のITベンダー3社に声をかけて候補者と面談した結果、「日経ソリューションズ」のシステムエンジニア（SE）、大塚亮一にアドバイスを依頼することにした。大塚は、顧客企業のITを活用した業務改革プロジェクトを支援してきた豊富な経験を持つ50代のベテランSEだ。面談で大塚と初めて会った岡田は、その人柄と知見に一気に引き込まれた。

　日経ソリューションズとの契約を済ませた岡田は、さっそく川崎工場の会議室に大塚を招いた。

メンバーの間で意見を擦り合わせられるか不安なのですが

5つの点に注意してコミュニケーションを取ることが重要です

岡田　　　　　　　　　　　　大塚

　「業務改革の推進では、現場部門から協力を得たり、メンバーの間の意見を擦り合わせたりすることが難しいと思うので、今から不安です」

主任の濱野、早川と共に打ち合わせに臨んだ岡田は、簡単な挨拶を済ませると本題を切り出した。

「その通りです。業務改革を進める際は、現場メンバーの抵抗を受けたり、部門間で意見が対立したりすることがありますね」

大塚がうなずきながら答えた。

「現場との調整はどういう点に注意して進めればよいのでしょうか？」

岡田の質問に、大塚は考えるような表情を浮かべ、少し間を置いて答えた。

「そうですね。5つの点に注意してコミュニケーションを取ることが重要だと思います」

「5つの点…。ぜひ教えてください」

岡田は真剣な表情で大塚を見た。

「分かりました。ご説明します」

▎プロジェクトに関わる様々な相手

業務やITの改革を推進するには、高度で複雑なコミュニケーションが求められます。その理由は大きく3つあります。

1つめの理由として、改革の推進では、様々な社内関係者や外部のパートナーとやり取りするからです。

改革内容の検討や準備、実行、定着させる過程で、経営層や事業部門、企画部門、IT部門など、様々な関係者から理解や協力を得るために、広域な社内関係者とコミュニケーションを取るのです。

また、近年、改革を実現するのに有効な多くの技術が登場しています。特に、センサー、無線通信、クラウド、AI、ロボティクスなどのデジタル技術の進化には目覚ましいものがあります。それらの技術に関わる製品やサービスを提供する様々な外部パートナーとも良好な関係を築き、うまくコミュニケーションを取る必要があります。

■「抵抗」や「対立」が頻繁に発生

　改革推進でのコミュニケーションが難しい2つめの理由は、関係者からの「抵抗」や、関係する部門間の「対立」が生じやすいことです。

　業務やITの改革は、現行業務やITの内容を大きく見直す取り組みです。これまで業務やITに信念を持って真剣に取り組んできた事業部門やスタッフ部門、システム部門のメンバーから激しい抵抗を受けることはよくあります。また、関係者の立場や考え方によって解決を図る課題や解決策についての意見が異なるため、関係者の間で意見の対立が頻繁に発生します。

　抵抗や対立をそのままにしておくと改革を進めることはできません。しかし、抵抗や対立を解消して関係者全員が納得する結論を見いだすことは容易ではありません。

図1-4　改革の推進には高度なコミュニケーションが求められる
改革の推進でコミュニケーションが難しい3つの理由

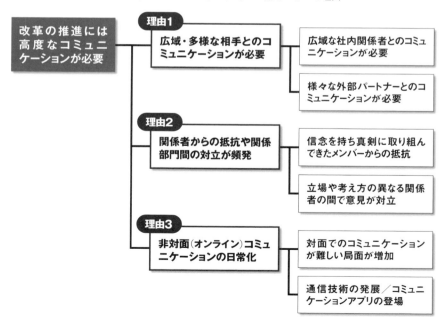

　3つめの理由は、「非対面」でのオンラインコミュニケーションを考慮しなければならないことです。

　従来、コミュニケーションは、相手と直接「対面」で行われることが一般的でした。ところが近年、「グローバルでのビジネスが進展し、国境を越えた相手とやり取りする」「感染症から身を守る」などの理由から、対面でのコミュニケーションが難しい局面が増えています。

　一方で、通信技術の発展や、ビジネスチャットのTeamsやWeb会議ツールのZoomなどのアプリケーションが登場したことにより、遠く離れた相手とオンラインを活用してコミュニケーションするインフラが整いました。効率を考えて移動の手間を減らすため、現在ではオンラインを用いた非対面でのコミュニケーションが日常化しており、その活用を考慮しなければなりません。

▌改革推進でのコミュニケーションの5つのポイント

　それでは、業務やITの改革を推進する際には、どのような点に留意してコミュニケーションを取る必要があるでしょうか。業務やITの改革に取り組んだ企業の成功事例、失敗事例を調査・分析した結果、筆者は5つのポイントがあると考えています。

1. 相手の大切にしていることや知りたいことを理解する

　同じ会社で同じ仕事をしていても、「任されている仕事を問題なくこなしたい」「仕事の成果を周囲から認められたい」など、大切にしていることは人によって様々です。同じように、興味のある情報も人によって異なります。「問題－原因－解決策」といった問題解決のシナリオに興味を持つ人もいれば、「現状の悪い値がどの程度改善されるのか」といった数値に興味を持つ人もいます。

　関係者から改革の推進や内容について理解や納得を得るには、まず、相手が大切にしていることや何を知りたいのかを理解するのが最初の

ポイントです。

2. 相手が興味を持つ情報を用意して分かりやすく伝える

相手が仕事で大切にしていることや知りたいことを理解したら、「改革に取り組むと自分にメリットがある、デメリットが減る」、あるいは「取り組まないとデメリットがある、メリットが減る」と思ってもらうための説明内容を用意します。

そして、用意した説明内容を分かりやすく伝えるために、コミュニケーションを「1対1」で行うか「1対N」で行うか、「対面」か「非対面」かなどの方法を選択します。対面の場合は、顔の表情や目の動き、身ぶり手ぶり、声の大きさやトーンなどの「非言語」を有効に活用して相手の興味を引くようにします。

3. 相手が意見や情報を出しやすい方法で引き出す

相手から情報や意見を引き出す際に特に重要になるのがヒアリングのスキルです。ヒアリングスキルには、大きく「質問のスキル」と「聞き方のスキル」の2つがあります。

質問のスキルを持っていると、相手は意見や情報を答えやすくなりま

図1-5　相手を十分に理解して情報をやり取りする
改革推進でのコミュニケーションの5つのポイント

❶ 相手の大切にしていることや知りたいことを理解する

❷ 相手が興味を持つ情報を用意して分かりやすく伝える

❸ 相手が意見や情報を出しやすい方法で引き出す

❹ 「抵抗」や「対立」の理由を理解して適切に対処する

❺ やり取りする情報によって「対面」「非対面」を選択する

す。相手から自由に意見や情報を出させる「Open 質問」、こちらの理解が正しいかを確認する「Close 質問」、相手の回答が複数考えられるときにすべてを引き出す「反復質問」などがあります。

　聞き方のスキルは、それを使うと、相手に自ら意見や情報を出したいと思わせます。相手に緊張せずに回答してもらうための「座席配置（ポジショニング）」、相手の意見に興味があることが伝わるように聞く「アクティブリスニング」などがあります。

4. 「抵抗」や「対立」の理由を理解して適切に対処する

　抵抗や対立が生じたら、無理に押し切ろうとしてはいけません。後で必ず混乱が生じ、プロジェクトの検討が立ち行かなくなるからです。抵抗や対立が発生したら、時間を置かず適切に対処しましょう。

　抵抗や対立を乗り越えて関係者から理解、協力を得るために重要なのが、改革リーダーの歩み寄りです。

　具体的には、まず、抵抗や対立を起こしている相手からその理由を聞き出し、正しく理解します。理由の多くは、「目的や効果に疑問がある」「改革することで何か問題が生じる」「実現性に疑問がある」「相手の意見を正しく理解していない」などに分類されます。

　次に、抵抗や対立の理由に正当性があるかを判断します。そして、正

図1-6　抵抗や対立の理由を理解して進め方などを修正する
抵抗や対立が発生したら適切に対処する

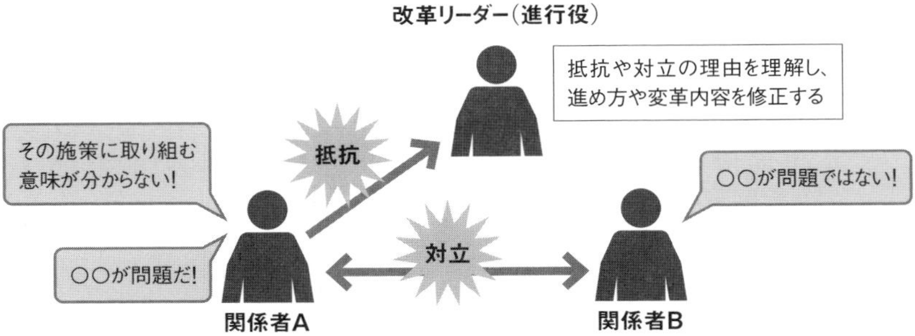

当性があれば、進め方や改革内容を修正します。もし正当性がなければ、相手の誤解を解くために再度、十分説明します。

5. やり取りする情報によって「対面」「非対面」を選択する

　対面・非対面でのコミュニケーションには、それぞれにメリットとデメリットがあります。

　対面は、非言語を有効に活用したコミュニケーションが可能というメリットがある半面、コンタクトするのに時間やコストがかかる、至近距離で接触する必要があるというデメリットがあります。

　一方、非対面は、距離の離れたメンバーと簡単にコミュニケーションを取れる半面、非言語を用いたコミュニケーションには限界があります。

　そのため、対面は、関係者の間で認識のズレを起こしたくない重要な情報や、双方で誤解を生じやすい曖昧な情報のやり取りに適しています。一方で、非対面は、双方で誤解の生じにくい情報のやり取りに適しています。

　そこで改革を推進する際には、やり取りする情報の内容を踏まえて、対面と非対面を上手に組み合わせてコミュニケーションを取ることが求められます。

第 2 章

伝えるスキル：
伝わらないと始まらない

意欲を高めてもらうには
メリットと実現性をしっかり伝える

改革の施策を実行に移すには関係者から納得や協力を得ることが不可欠だ。そのためには施策の内容だけでなく、メリットと実現性を併せてしっかり伝える。特に、施策を実行する相手個人のメリットを具体的に伝え、意欲を高めてもらうことが有効だ。

　業務やITの改革を推進するには、経営層、事業部門、IT部門、外部パートナーなど様々な関係者が関与するため、推進を任された改革リーダーには関係者と上手にコミュニケーションする力が求められます。コミュニケーションとは、こちらの伝えたい情報や意見を「伝え」、相手が伝えたい情報や意見を「受け取り」、意見が食い違うときに擦り合わせて「合意に導く」ことです。

　「伝える」「受け取る」「合意に導く」には、それぞれを円滑に実施するためのスキルやテクニックがあります。

　本章では、こちらの情報や意見を誤解なく伝えて、相手から理解や納得を得て協力を取り付けるための「伝える」スキルを解説します。施策を説明する際に、併せて相手に伝えるべき内容も見ていきます。

利益拡大だけでは改革のメリットが伝わらない

　医療機器を製造・販売するスピード工業のIT部に所属する岡田課長は、工場業務改革プロジェクトの責任者である森山工場長から、推進事務局のリーダーに任命された。プロジェクトを円滑に進めたいと考えた岡田は、設計部、

製造部、資材部、品証部から選ばれた検討メンバーに、プロジェクトの狙い
と進め方を個別に説明すると連絡した。

　個別の説明をする前に、アドバイザーとして参加している日経ソリュー
ションズの大塚に相談し、アドバイスをもらうことにした。

施策に取り組むメリットを相
手に合わせて説明しましょう

なるほど、単に「コストを下
げる」では不十分でしたか

大塚　　　　　　　　　　　　　　　岡田

　「メンバー全員のキックオフミーティングを行う前に、検討メンバーへ個別
の説明をすることにしました」

　「それはいいですね。どういう説明をするおつもりですか？」

　大塚が温和な表情で質問した。

　「この資料を使って説明するつもりです」

　岡田は用意した資料を大塚に手渡した。そこには、3つの情報が記載され
ていた。

　（1）現状、スピード工業が売り上げを拡大させる一方、製造コストが上昇
し利益が伸び悩んでいること、（2）利益を拡大するために、製造コストの削

減を目的に工場業務改革プロジェクトを発足すること、そして（3）プロジェクトをどういう手順、体制、スケジュールで進めるか——である。

「この資料の内容以外に何か説明することはありますか？」

目を通した大塚は再び質問した。

「ここに記載した以外は考えていませんでした」

「そうですか。この内容に加えて、プロジェクトに取り組むメリットを説明したほうがよいと思います」

「製造コストを下げて、利益を拡大することがメリットだと思いますが…」

岡田が答えた。

「確かにそれは企業にとって大事なメリットです。ただ、それだけでは不十分だと思います」

大塚の助言に、岡田は不思議そうな表情を浮かべた。

「詳しく説明しましょう」

改革を推進する際には、「プロジェクトの進め方」「業務・ITの改革内容」など取り組みの施策を、経営層や事業部門、IT部門などの関係者に伝える必要があります。そのとき、単に施策の内容を説明するだけでは、納得してもらい、協力を取り付けることはできません。

相手がその施策に取り組む意欲を高めるには、内容に加えて、それを実行するメリットと実現性をしっかりと伝えることが重要です。

まずは施策を実行するメリットの検討方法から説明します。

▌施策のメリットを3階層で考える

施策に取り組むメリットには大きく3つの階層があります。それは、「社会／顧客のメリット」「企業／組織のメリット」「相手個人のメリット」です。

例を挙げます。ある医療機関が、デジタル技術を活用したオンライン診療サービスを提供することにしました。このサービスでは、医師はパ

ソコンやスマートフォン、ウエアラブル端末を使って、血圧や心拍数、瞳孔、口内など患者の生体情報を集めます。また、過去から蓄積してきた診察履歴を参考にして、症状や病名、治療方法を検討します。この施策のメリットを3つの階層で考えてみましょう。

　まず、「より多くの人が診察可能になる」「自宅にいたまま診察を受けられる」「病院に通う時間や交通費が不要になる」などが社会／顧客のメリットです。また、「地域を超えた多くの患者を診察できる」「施設の運営にかかる費用を削減できる」などが企業／組織のメリットです。そして、「患者1人当たりの診察時間を短縮できる」「その場で過去の診察履歴を参考にしながら診察できる」などが相手個人（この場合は医師）のメリットになります。

　ただし生産性の向上などを目的とした施策では、直接的な社会／顧客のメリットがない場合があります。まずは3つの階層で考えることが重要です。

図2-1　相手から納得や協力を得るには施策のメリットを伝える
施策に取り組むメリットの3つの階層

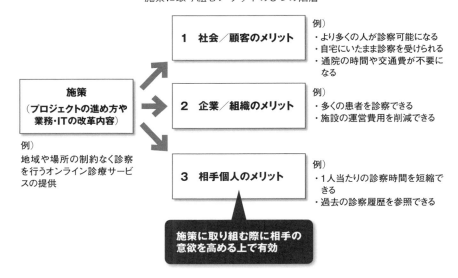

相手へ具体的なメリットを伝える

　相手個人へのメリットをしっかり伝えることは、施策に取り組む相手の意欲を高める上で極めて有効です。

　まず、相手が何を大切にして仕事をしているかを洞察します。大切にしていることは個人によって異なりますが、タイプ分けできます。

　代表的なものとして「重要性や新規性の高い仕事に挑戦したい」「自分の保有する知識やスキルを高めたい」「任されている仕事を問題なく達成したい」「自分の仕事の内容や成果を評価されたい」「心身共に安全・安心な環境で働きたい」「周囲のメンバーと良好な関係で働きたい」などがあります。

　もちろん相手は複数のことを大切にしているでしょう。中でも特に重視していることを洞察して、それに合わせた具体的なメリットを考えます。それを施策の内容と共に伝え、プロジェクトに対する理解や納得を促します。

　例えば、同じ施策を説明するときでも、相手が重要性や新規性を大切にしているのであれば「この施策は極めて重要な施策。業務改革の中心メンバーとして協力してほしい」といった説明をします。また、安全・安心な環境を大切にしているのであれば「この施策を実行すれば、業務を効率化でき、残業や休日出勤が大幅に減る」といった説明ができます。

　特に「確実性が高く、短期的に得られるメリット」は、相手から納得を得て協力を取り付ける上で非常に有効なメッセージになります。

相手の経歴、日常の言動を参考に

　相手が仕事で大切にしていることを洞察する際は、相手の現在の立場やこれまでの経歴、日常での言動を参考にします。

　例えば相手の経歴を調べたとします。これまでに新製品開発で成果を上げてきた設計部員や、新規顧客の開拓で成果を上げてきた営業部員で

あれば、新規性の高い仕事に興味を持つ可能性が高いと考えられます。

　また、相手の日常の言動を確認したとき、「社員の働きやすい職場をつくりたい」「残業や休日出勤を減らしたい」と発言している管理者であれば、安全・安心な職場づくりに興味があるといえそうです。

　説明をする相手とあまり面識がない場合には、相手と関係のある人から経歴や日常の言動を聞くのが有効です。相手が上位職者の場合には、インターネットで調べると、報道記事や企業サイトの告知などに経歴や言動が掲載されていることがあるので、それも参考にしましょう。

　スピード工業の例では、大塚のアドバイスを受けた岡田課長は、検討メンバーそれぞれが大切にしていることを洞察して相手個人のメリットを考え、資料の内容に加えて説明するようにしました。

　具体的には、自身のスキルや知識の向上に関心の強い設計部代表のメ

図2-2　相手個人のメリットは、立場や経歴、日常の行動を踏まえ考える
個人が仕事で大切にしていることの例

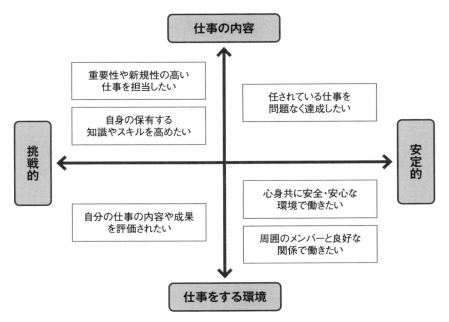

ンバーには、先進的な情報技術とその活用方法に関する知識の習得を図れることを説明しました。

また、任された仕事を問題なく実行したいと考えている製造部代表のメンバーには、製品の不良率と手戻り作業が減少することを、残業時間の多さに悩んでいる品証部代表のメンバーには、作業が効率化して残業時間を減らせることを説明に盛り込んでいます。

■施策を実行する２つのリスク

改革の施策を実行する上で相手から納得や協力を得るには、それが実現性の高いものであることを理解してもらう必要があります。そのため、相手に説明する前に、施策の実現性を考えておきます。

相手が施策の説明を受けたときに実現性に不安を覚えるのは、施策を実行することに何らかのリスクを感じるためです。そこで説明の前に、相手の立場に立って、リスクとその対策を考えておきます。

リスクとは「施策の実行に伴って発生する可能性のある危険」のことです。リスクには２つあり、施策の準備や実行を妨げる障害（実行時障害）と、施策を実行することで発生する好ましくない影響（マイナス影響）があります。対策には、実行時障害やマイナス影響（リスク事象）が発生しないようにする対策（予防対策）と、発生した際の影響を極小化する対策（発生時対策）があります。

リスクと対策を検討する際には、まず、相手に説明する施策を確認します。例えば、工場の製造業務で「中堅や若手作業員の効率とミスを改善するために、熟練作業員が実施している作業手順やノウハウをマニュアル化して、それを参照しながら作業する」という施策を説明することにしました。

次に、説明する施策のリスクとなる実行時障害とマイナス影響を発想します。先の施策では、「熟練作業員が自身の作業手順やノウハウの公開に協力してくれない」などが実行時障害に、「マニュアルを参照しな

がら作業することで従来よりも効率が落ちる」などがマイナス影響になります。

図2-3　相手の立場に立って施策を実行するリスクとその対策を考えておく
施策実行時とその影響のリスク2つ、およびそれぞれの予防対策と発生時対策

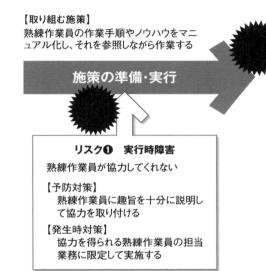

【取り組む施策】
熟練作業員の作業手順やノウハウをマニュアル化し、それを参照しながら作業する

施策の準備・実行

リスク❷　マイナス影響
従来よりも効率が落ちる

【予防対策】
作業員のスキルに応じてマニュアルの参照範囲を限定する
【発生時対策】
マニュアルを参照して実施する作業を絞り込む

リスク❶　実行時障害
熟練作業員が協力してくれない

【予防対策】
熟練作業員に趣旨を十分に説明して協力を取り付ける
【発生時対策】
協力を得られる熟練作業員の担当業務に限定して実施する

▍リスクの事前・事後対策を検討する

　次に、洗い出したリスク事象が発生する可能性と、発生した場合の重大性を評価して、対策の検討が必要か否かを判断します。そして、対策が必要なリスク事象が発生する原因を想定し、それを取り除くための対策を予防対策として検討します。

　先の「熟練作業員が協力してくれない」というリスクには「熟練作業員に趣旨を十分に説明して協力を取り付ける」などが、「従来よりも効率が落ちる」というリスクには「作業員のスキルレベルに応じてマニュアルの参照範囲を限定する」などが予防対策になります。

さらに、リスク事象が発生した際に影響を極小化する発生時対策と、それを実施するタイミングを検討します。先の「熟練作業員が協力してくれない」では、「協力を得られる熟練作業員の担当業務に限定して作業手順やノウハウをマニュアル化する」などが、「従来よりも効率が落ちる」では「マニュアルを参照して実施する作業を、重要性が高くミスの多い作業に絞り込む」などが発生時対策になります。

　このように、相手が施策の実現性に不安を覚えるリスクと対策を想定したら、重要な予防対策や発生時対策を、プロジェクトの進め方や業務・ITの改革内容に反映しておきます。

　検討したリスクや対策を最初から説明するか、相手の反応を見て追加説明するか、相手が質問した際に説明するかは、説明する場面や相手によって判断するようにします。

理解と納得を高める4つの要素と資料作成3つのポイント

施策への取り組みに対して相手の理解を得るために、説明内容を準備して資料を用意する。分かりやすいストーリーを組み立て、数字や事例を使って相手の納得を高める説明をしよう。簡潔な文章を用いて視覚に訴える資料を作成することも重要だ。

　業務やITの改革を進める際、関係者からの協力を取り付けるには、こちらの検討した施策とそのメリット・実現性を相手に受け入れてもらうことが前提になります。そのためには、相手の興味を引く説明内容を準備し、それを分かりやすい資料に整理しておく必要があります。ここでは、説明内容を整理するのに効果的な4つの要素と、分かりやすい資料を作成する3つのポイントを解説します。

納得しやすい説明内容をつくるコツ

　医療機器を製造・販売するスピード工業では、製造コストの削減を目的として工場業務改革プロジェクトを発足した。推進事務局のリーダーにはIT部の岡田課長が就いている。

　岡田は、関係者全員を集めたキックオフミーティングを開催する前に、設計部、製造部、資材部、品証部から選ばれた検討メンバーにプロジェクトの狙いと進め方を個別に説明することにした。

　現在、個別説明での注意点について、アドバイザーとしてプロジェクトに参加している日経ソリューションズのベテランSE、大塚からアドバイスを受

けている。

分かりやすいストーリーで相手の興味を引きましょう

なるほど、こうすれば伝わりやすくなるのか

大塚　　　　　　　　　　　　　岡田

「施策を説明する際には、そのメリットと実現性を入れたいと思います」

　大塚のアドバイスを受けた岡田は、施策を説明する際にメリットと実現性を伝えることの重要性を理解した。

「特に相手個人のメリットを伝えることが大事ですよ」

　大塚が温和な表情で返した。

「はい。検討メンバーそれぞれのメリットを考えてみます。個別の説明をする際、他に注意すべきことはなんでしょうか？」

「相手が納得しやすい説明内容を用意しておくことでしょうね」

　大塚がうなずきながら答えた。

「どういう内容を説明すると納得してもらえるのでしょうか？」

「4つあります。ご説明しましょう」

▌分かりやすいストーリーを組み立てる

「なぜその施策が必要なのか」が簡単に理解できる分かりやすいストーリーを用意して説明すると、施策に取り組むことへの相手の納得性を高められます。

分かりやすいストーリーを用意するには、まず、その施策を実行することで解決を図る「現状の問題とその原因」、あるいは「課題と実現したい目的・目標」を明らかにします。

例えば、「製造設備の状況を自動で監視して、異常の発生を早期に検知する」という施策があります。この施策で解決を図るのは「設備が突発的に停止し、進捗の遅れが発生する」という問題です。またそれは「多くの設備を巡回監視している設備担当者が少数のため異常に気づけない」という原因から発生しています。

施策で解決を図る問題や原因、課題や目的・目標を確認したら、相手に説明するストーリーを整理します。

先の施策では「現在、多くの製造設備を少数の設備担当者が巡回監視していますよね。そのため、異常に気づけず設備が突発的に停止してしまい、進捗の遅れにつながることがあります。今回はその問題を解決するために、設備にセンサーを取り付けて、温度、振動、電流などの設備の状況を自動収集し、異常の発生を早期に検知したいと考えています」というストーリーを組み立てて説明しています。

ストーリーは、相手が容易に理解でき、かつ共感できる内容であることが重要です。相手が理解できなかったり、共感できなかったりするストーリーを説明しても納得を得ることはできません。

▌根拠となる数字を盛り込む

施策の有効性や実現性の根拠となる数字を提示すると相手の納得性を高めることができます。

先の施策では、設備が突発的に停止してしまう回数、停止した設備の復旧に要する時間、異常の発生を事前に検知することで突発的な停止を未然防止できる回数や復旧時間などの数字を盛り込めそうです。

　この例のように、数字を示せば施策の有効性や実現性が伝わることもありますが、具体的な数字を提示しても相手に意味が伝わらない場合があります。そのときは、提示した数字が何を意味しているのかを解釈して説明するようにします。

　数字は説得力を高める上で極めて有効ですが、間違っていたら相手が不信感を持つことになります。数字を使う場合には、正確を期すことが重要です。

■成功事例を紹介する

　相手の納得性を高めるには、同様の施策に取り組んで成果を上げている成功事例を紹介することが有効です。

　紹介するのは、相手の意欲を高めることに役立つ事例でなければ意味がありません。そのため、同じ業界の競合企業、別の業界でも知名度の高い企業、同じような環境で似たような問題を抱えている企業、社内の別組織などの事例を探して紹介します。

　紹介する内容は、その施策に取り組んだ背景や目的、解決した問題や課題、実現した業務の仕組みやシステム化内容、得られた効果などです。ただし、文献やインターネットの記事を元にすると、公開されている内容は限られているので、可能な範囲で紹介します。

　スピード工業の施策では、別業界の知名度の高い企業が同様の施策に取り組んで成果を上げている事例が文献に載っていたので、岡田課長はそれを説明しました。

　成功事例も納得性を高める上でインパクトがありますが、数字と同様に説明内容に間違いがあると相手から不信感を招くので、注意してください。

図2-4 相手の興味を引く要素を準備する
説明する施策への納得性を高める4つの要素

❶ 施策の必要性を示す分かりやすいストーリー

❷ 施策の有効性や実現性の根拠となる数字

❸ 先進企業や競合企業で取り組んだ成功事例

❹ 説明相手に影響を与える組織や人物の言動

図2-5 「なぜその施策が必要なのか」のストーリーで納得性を高める
分かりやすいストーリーを用意する方法

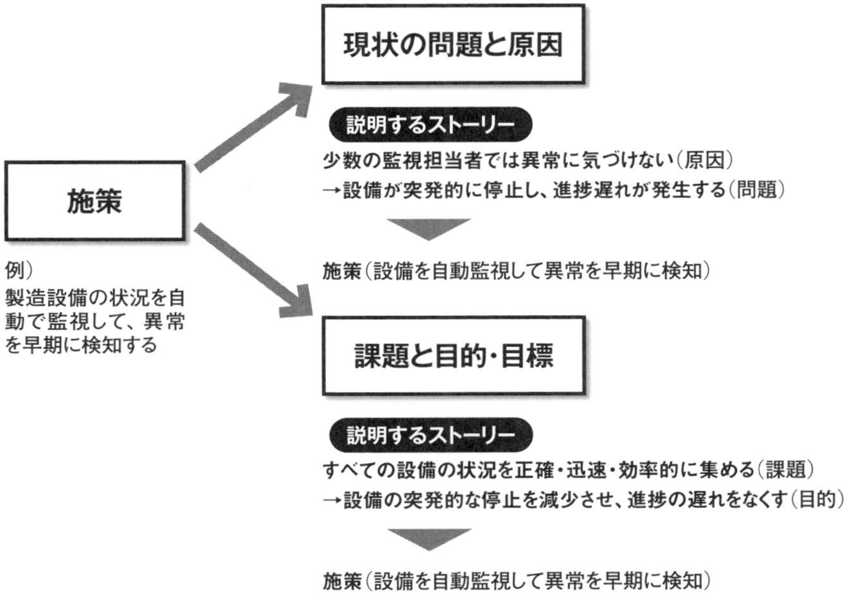

施策

例）
製造設備の状況を自
動で監視して、異常
を早期に検知する

現状の問題と原因

説明するストーリー

少数の監視担当者では異常に気づけない（原因）
→設備が突発的に停止し、進捗遅れが発生する（問題）

施策（設備を自動監視して異常を早期に検知）

課題と目的・目標

説明するストーリー

すべての設備の状況を正確・迅速・効率的に集める（課題）
→設備の突発的な停止を減少させ、進捗の遅れをなくす（目的）

施策（設備を自動監視して異常を早期に検知）

▌影響を与える組織や人物の言動を引用する

　説明する相手が尊敬している、目標にしている、信頼を置いている組織や人物の言動は、相手の考えや行動に影響を与えます。そのため、相手に影響を与える組織や人物が、説明する施策に好意的な考えを持っていたり発言をしたりしていれば、それを引用して納得性を高めます。

　スピード工業の工場業務改革プロジェクトの例では、製造部から選ばれた検討メンバーが入社以来、プロジェクトの責任者を務める森山工場長から熱心な指導を受け、プライベートでも親しくしていました。そこで推進リーダーの岡田課長は、製造部の検討メンバーに納得がいくよう、プロジェクトを成功させて、工場の生産性向上と製造コスト削減を実現したいと森山工場長が強く願っていると説明することにしました。

　ただし、相手に影響を与えるのは、経営幹部や職場の上長といった上位職者とは限りません。相手と上位職者の関係が良好でない場合には、言動を引用するとかえって反発を受けてしまうことがあります。相手が

図2-6　資料がよりよいコミュニケーションを助ける
分かりやすい資料を作成する3つのポイント

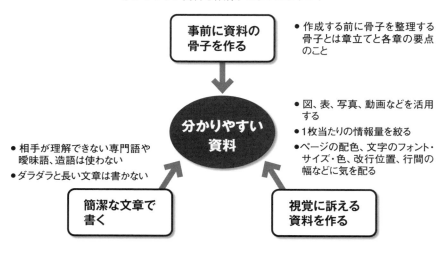

影響を受ける組織や人物は、能力、実績、人柄、個人的なつながりなどから判断します。

　また、同じ企業に所属する人物でなくても、成功している企業の経営者や大学教授、芸能人などが相手に影響を与えることもあります。その人物が説明する施策に好意的な言動をしていたら、それを引用するとよいでしょう。

▎資料作成の３つのポイント

　説明する内容を準備したら、相手に施策やメリット、実現性を説明するための資料を作成します。説得力を持たせるには、分かりやすい資料であることが何より大事です。

　相手に分かりやすい資料を作成するために注意すべき点は、事前に資料の骨子を作る、簡潔な文章で書く、視覚に訴える資料を作る——の３つです。

1．事前に資料の骨子を作る

　いきなり資料を書き始めると、章立てのバランスが崩れたり、章によって記述する内容の粒度が変わったりします。そこで、事前に資料の骨子を作成するようにします。

　骨子とは、章立てと各章の要点を整理した骨組みのことです。資料全体の流れを骨子に整理しておくことで、分かりやすい構成のバランスの良い資料を作成できます。

　一般に、
　目的→課題→課題解決のポイント→施策→実行計画、または
　問題→原因→問題解決のポイント→施策→実行計画

という流れで説明すると、相手は理解しやすくなります。この流れを参

考にして章立てを考え、各章に記述する要点を書き出しておきます。

2. 簡潔な文章で書く

　分かりやすい文章にするには、相手が理解できない専門語や曖昧語、造語はなるべく使わず、簡単に理解できる用語を使うようにします。

　IT業界では、PoC（概念実証）、IoT（インターネット・オブ・シングズ）、アジャイル、データレイクといった、ローマ字やカタカナのキーワードが当たり前のように使われています。しかし、経営層や事業部門に所属する人の多くは、それらの意味を正しく理解していません。そういう相手に説明するときには、平易な用語に置き換えるか、最初に使うときに用語の意味を説明しましょう。

　また、ダラダラと長い文章で書くと、相手が理解するのに時間がかかるので、簡潔に書くようにします。中身が多すぎたり、複雑な内容だったりするときは、文章を2つ以上に短く分けて記述します。

3. 視覚に訴える資料を作る

　内容によっては文章だけで伝えるよりも、図、表、写真、動画などの視覚的な表現を使ったほうが、相手の印象に残りやすいものです。例えば推進体制は図に整理する、スケジュールは表で整理するといった工夫をします。

　また、資料の1枚当たりに記載する情報量が多すぎると、相手は理解しづらくなります。情報量が多すぎたら、ページを分ける、口頭で伝えればいい内容は書かないなどの工夫をします。

　そして、ページの配色、文字のフォント・サイズ・色、文章の改行の位置、文章と文章の行間の幅など、資料のレイアウトに気を配ります。例えば、同じ資料の中でバラバラな色を使ったり、むやみに文字のフォントや大きさを変えたり、文章の行間が狭すぎたりすると、資料が読みにくくなるので注意が必要です。

▌作成した資料を読み返す

　資料を作成したら、読み手を意識して、分かりにくい部分がないか読み返すようにします。誤字や脱字はないか、日本語としておかしな表現はないか、内容が矛盾していないか、説明が足りない部分や削除したほうがいい部分はないか、見やすいレイアウトになっているかなどの観点で読み返し、納得がいくまで修正します。

　資料を読み返すのは、書き上げたすぐ後よりも、間を置いてからのほうが効果的です。書いた直後は、自分の作成した資料のアラはなかなか見えないものです。間を開けて読み返すと、冷静にアラを見つけることができます。

相手を引き付けて飽きさせない 効果的なプレゼン8つの秘訣

改革の施策を説明するプレゼンでは、相手から十分な理解を得ることがカギを握る。関係者が多くなりがちな改革プロジェクトで全員を飽きさせずに説明するのは容易ではない。相手を引き付け、インパクトを与えるプレゼンの8つの秘訣を紹介する。

　プロジェクトを推進する改革リーダーには、様々な関係者に、改革の目的や進め方、業務やITの改革内容などを正しく伝え、理解や協力を得ることが求められます。そこで重要になるのが、相手を引き付けるプレゼンテーションです。訴求力の高いプレゼンを行うのも改革リーダーが取るべき「伝える」コミュニケーションの1つです。

30分のプレゼンで全員を引き付ける

　スピード工業IT部の岡田課長は、工場業務改革プロジェクトの推進事務局のリーダーだ。プロジェクトを開始するにあたり、現場部門から選出された検討メンバー10人にプロジェクトの趣旨と進め方を個別に説明した。いろいろな指摘を受けたが、なんとか理解と協力を取り付けた。

　次はいよいよ関係者全員を集めたキックオフミーティングだ。会議を1週間後に控え、プロジェクトのアドバイザーを務める日経ソリューションズの大塚からアドバイスを受けることにした。大塚は、業務改革やDX（デジタル変革）プロジェクトの経験が豊富なベテランSEだ。

30分のプレゼンテーションで、相手を引き付けるにはどうすればいいのですか？

8つの秘訣を押さえれば大丈夫ですよ

岡田

大塚

　「来週、プロジェクトの関係者全員を集めてキックオフミーティングを開催します」

　岡田は状況を報告した。

　「どういうメンバーが参加されるのですか？」

　大塚が質問した。

　「プロジェクト責任者の森山工場長、検討メンバー10人、推進事務局3人の他に、設計部、製造部、資材部、品証部の部長が参加する予定です」

　岡田は会議に参加するメンバーを説明した。

　「進行はどのようにお考えですか？」

　「冒頭で森山が10分程度でプロジェクトの趣旨を説明し、参加するメンバーが自己紹介をします。その後、私が30分程度でプロジェクトの進め方と検討メンバーから集めるアンケートの記入方法を説明します」

　「なるほど。30分の説明となると、相手を飽きさせないようにプレゼンする必要がありますね」

「相手を引き付けるプレゼンの秘訣を教えてください」

岡田が真剣な表情で懇願した。

▌人数にかかわらず効果的なプレゼンの秘訣

　大勢を相手にしたプレゼンで、こちらの伝えたいことを、興味を持って聞いてもらうことは容易ではありません。まして相手と面識がない場合はなおさらです。

　筆者はこれまで、顧客への提案、幹部層への報告、セミナーや研修など、面識のない大勢を相手にプレゼンする機会を数多く経験し、興味を引くプレゼンのやり方を学習してきました。

　筆者が有効と考えているプレゼンの秘訣は8つあります。

1. 相手が集中しやすい会場レイアウト

　企業の会議室の多くは、座席がコの字形に配置されているか、ロの字形に配置されています。また座席が、資料を投影する中央のスクリーンを挟んで向かい合わせに対面形で配置されていることもあります。これらのレイアウトは、プレゼンを実施するのに適していません。

　理由は3つあります。プレゼン担当者やスクリーンと説明相手との間に無駄な距離が生じる、席によっては顔や体を横に向けないとプレゼン担当者やスクリーンを見ることができない、正面に他の参加者が座っているため気が散ってプレゼンに集中しにくい――です。

　相手がプレゼンに集中できるようにするには、座席のレイアウトに気を配ることが大切です。そのポイントは、（1）プレゼン担当者やスクリーンの正面になるように座席を配置する、（2）プレゼン担当者やスクリーンと距離を空けすぎないようにする、（3）指定席として、参加者の中のキーパーソンを前列中央に配置する、の3点です。

　その条件を満たすのは、例えばプレゼン担当者やスクリーンに向かって逆ハの字形で座席を配置するレイアウトです。最初からこのような配

置の会議室はないので、机や椅子を動かしてレイアウトを変更します。

図2-7　逆ハの字形の会場レイアウトをつくる
プレゼンに適した会場のレイアウト

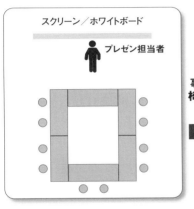

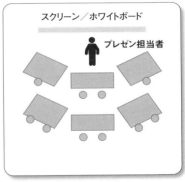

一般的な会議室のレイアウト

座席がコの字かロの字形で配置されている
・プレゼン担当者やスクリーンと説明相手との間に距離が生じる
・席によっては顔や体を横に向けないとプレゼン担当者やスクリーンが見えない

プレゼンに適したレイアウト

座席を逆ハの字形に配置する
・全員をプレゼン担当者やスクリーンの正面になるように配置する
・プレゼン担当者やスクリーンと説明相手との間の距離を近くする

2. 趣旨や確認したいことを冒頭で伝える

　冒頭からいきなり内容の説明に入ると、相手は何について説明を受けるのか、何を確認、判断すればよいのか理解できず、プレゼンに集中できなくなります。そのためプレゼンの冒頭で「何を説明するのか」「何を確認、判断してほしいのか」を伝えるようにします。

　スピード工業の岡田課長の例では、冒頭に「本日は最初に、当社が工場業務改革プロジェクトを立ち上げた背景や目的を説明します。次に、皆さんに自己紹介をしていただきます。そして、プロジェクトの進め方とお願いするアンケートの記入方法を説明します。皆さんにご担当いただく役割やアンケートの記入方法で不明な点があれば、後ほどご質問く

ださい」と伝えることにしました。

3. 理解してほしい事柄を中心に説明

　用意した資料の記載内容を、最初から最後まで棒読みするようなプレゼンを見たことはありませんか。資料をひたすら読み上げるプレゼンをすると、相手は途中で興味を失い、聞かなくなります。元から知っている内容や、資料を見れば簡単に理解できる内容まで説明されると、退屈に感じるからです。

　プレゼンに向け、強調して説明する事柄をあらかじめ決めておきます。それは、こちらが特に伝えたい内容や確認しておきたい内容、相手が知りたい内容です。

　強調したい事柄については、資料に記載した内容だけでなく、相手の興味を引くために、事象や事例などを補足します。逆に、強調する必要性が低い内容は、要約して説明するか、説明を省略します。メリハリを付けることで、相手に興味を持たせ、引き付けられます。

4. 分割して説明し都度質疑を入れる

　用意した内容を一気に説明すると、相手は聞き疲れを起こして、集中して聞くことが難しくなります。また、途中で理解できない内容があっても説明を聞き続けなければならず、興味を持てなくなります。そのため、30分以上プレゼンする場合には、内容をいくつかに分けて説明し、その単位ごとに質疑応答を入れると効果的です。

　例えばスピード工業の岡田課長は、プロジェクトの検討手順、スケジュール、体制とメンバーの役割までを説明して質疑の時間を取りました。その後にアンケートの記入方法を説明し、質疑を行いました。

　説明や質疑を分けることで、相手の理解度が高まり、飽きずに説明を聞けるようになります。ただし、相手が20人を超えるような状況には注意が必要です。説明や質疑を単位ごとに分けた場合、特定の1人、または少数が出した質問への回答に時間をかけすぎないようにします。他

の多くの参加者は興味を持っていない可能性があり、退屈に感じてしまいます。また、多くの質問が出ると、その回答に時間を要して先に進めなくなります。そういう場合には、用意した内容を一通り説明してから最後に質疑を行います。

5. 正面に立ち、時折相手側に移動する

　プレゼンをする際には、相手の正面に立つと目立ちます。そして時折、相手に近づいて説明すると、より注目を集められます。

　ただし、相手から注目を浴びると緊張することがあります。特に、首をひねっている参加者や、下を向いている参加者を見つけると、自分の説明に納得していないのではないか、興味がないのではないかと不安になります。

　緊張を解消するには、参加者の中に、こちらの説明をうなずきながら聞いていたり、顔を上げて微笑みながら聞いていたりする参加者を見つけ、時々その人を見ながら説明するとよいでしょう。好意的な表情で聞

図2-8　聞き手が多数でも少数でも有効
プレゼンを効果的に実施するための8カ条

1. 相手が説明に集中しやすいレイアウトをつくる
2. 冒頭で説明の趣旨や確認したいことを伝える
3. 特に理解してほしい事柄を中心に説明する
4. 内容を分割して説明し、都度質疑を入れる
5. 相手の正面に立ち、時折、相手側に移動する
6. ゆったりした口調で、抑揚をつけて話す
7. 身ぶり手ぶりなどの非言語表現を多用する
8. 説明や質疑での相手の反応を確認する

いている人を見ると、気持ちが落ち着いて自信を持って説明できます。

6. ゆったりした口調で抑揚を付ける

　プレゼンの際、早口の人や、淡々とした口調で説明する人がいます。特に与えられた時間が少ない場合には、そうなりがちです。しかし、こういう話し方では、相手は内容を正確に理解できず、興味を持つこともできません。相手に興味を持って聞いてもらうには、ゆっくりした口調で抑揚をつけて説明することが重要です。

　ゆっくりとした口調だと、内容を正しく聞き取ってもらえるうえ、考えながら聞いてもらえます。また、声の大きさやトーン、話すスピードを変えるなど抑揚をつけることで、相手は飽きずに聞くことができます。例えば、理解してほしい事柄は、他の内容よりもゆっくりと大きな声で説明します。

　ゆっくりした口調にすると与えられた時間内でプレゼンが終わらない、と考える方がいるかもしれません。そのときは、時間を増やすか内容を減らすようにします。説明内容が相手の記憶に残らなければ意味がないからです。

7. 非言語表現を多用する

　無表情で身動きせずに淡々と説明を続けると、相手にインパクトを残せません。相手の興味を引くには、非言語表現を使うことが有効です。非言語表現とは文字通り言葉以外の表現方法を指し、顔の表情や動作、身ぶり手ぶり、目の動きや視線、身体的な接触や姿勢などを使って伝えることです。

　例えば、「身ぶり手ぶりで注意を引く」「強調したい点をホワイトボードに書く」「相手と視線を合わせる」「相手からの質問をうなずきながら聞く」といった方法を用いるとインパクトを与えられます。スピード工業の岡田課長は、身ぶり手ぶりを使って説明し、あらかじめ決めていた内容をホワイトボードに板書してから説明するなどの工夫をしました。

8. 説明や質疑での反応を確認する

　プレゼン内容のすべてが相手に受け入れられるとは限りませんが、全く理解されないこともまれです。説明内容のうち、どの点は理解され、どの点が理解を得られなかったのかを確認する必要があります。

　そのため、プレゼンの説明や質疑の際、相手の反応に随時、気を配ります。例えば説明中に相手がうなずいていたり、身を乗り出したりして聞いているなら、その内容を受け入れているはずです。一方で、相手が眉間にしわを寄せたり、首をかしげたり、目を閉じたりしているのであれば、その内容は理解できていません。

　相手の反応が良くない場合には、どの点が理解できていないのか、どの点に疑問や反対意見があるのかを確認します。その点でも前述の「分

図2-9　身ぶり手ぶりなどの非言語表現を多用する
非言語表現の代表例

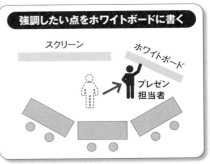

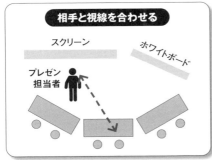

割して説明し、都度質疑を入れる」やり方は有効です。

　ここで紹介したプレゼンの8つの秘訣は、1.　の「相手が説明に集中しやすいレイアウトをつくる」と5.　の「相手の正面に立ち、時折、相手側に移動する」の2つを除き、少人数の場合にも使えます。ぜひ試してみてください。

演習

このプレゼンでは皆が納得しない
伝え方と内容からスキルを検証

業務やITの改革を進めるには、様々な関係者と効果的にコミュニケーションを取るスキルが重要になる。「伝える」「受け取る」「合意する」というスキルの中から、「伝える」を実感していただこう。「伝える」スキルの理解を深めるため、あるプレゼンを例に改善点を見つける演習を出題する。

　業務やITの改革において、経営層、事業部門、外部パートナーなど様々な関係者が存在するのは、本章で説明した通りです。効果的なコミュニケーションには、「伝える」「受け取る」「合意に導く」という3つのスキルがありました。

　本章では、「伝える」スキルについて解説してきました。ここでは、架空のDX（デジタル変革）プロジェクトの事例を用いて「伝える」スキルを応用した演習を出題します。ぜひ取り組んでいただき、「伝える」スキルの理解度を高め、実践してください。

 ## LNQ建設のDXプロジェクトを説明

　LNQ建設は、売上高1000億円、従業員1500人の建設事業者で、工場やオフィスビル向けに空調設備や配管設備の施工とメンテナンスを手掛ける。過去5年間で売り上げが拡大し、社員数も増え続けている。

しかし現在、直接業務である設計、施工、設備保守の現場は多忙を極め、長時間残業や休日出勤でなんとかしのいでいる。また、熟練を要する高度で専門的な業務を担当するベテラン社員の高齢化が進み、事業の継続に不安を抱えている。

　そこで今回、このような状況を打破するために、空調事業部を対象とした「建設DXプロジェクト」を立ち上げることにした。伊藤事業部長がプロジェクトの責任者となり、設計部、施工部、保守サービス部それぞれから今後の中心メンバーと目される課長層3人が検討メンバーに選出された。そして推進事務局として、福田部長をはじめとするIT部の3人が参加する。

　検討メンバー全員と推進事務局、伊藤事業部長と関連部門の部長層5人の計18人を集めたキックオフミーティングを開催することになった。会場では、事業部長、部長、推進事務局の9人と、検討メンバーの9人が、説明資料を投影する前方中央のスクリーンを挟んで向かい合わせに座った。

　会議の冒頭で、推進事務局のリーダーを務める福田部長が議題を提示した。次いで伊藤事業部長がスクリーンの横に立ち、業績の推移とプロジェクト発足の背景・目的を記載した2枚の資料を投影してDXプロジェクトを発足した趣旨を説明した。

　「当事業部では過去5年間、社員の皆さんの頑張りにより事業を拡大してきました。しかし、今のやり方を続けていては、今後の成長は見込めません。この危機から脱却するには、DXにより、ビジネスを改革することが不可欠です。同じ悩みを抱えている競合企業は当社に先駆けてDXに取り組み、成果を上げています。我が社も全社一丸となってDXに取り組み、これからも成長を続けようではありませんか。ぜひとも全力で協力していただきたく、よろしくお願いします」

　伊藤事業部長は、手元の資料を見ながら、時折、参加者に視線

を向け、少し早口で淡々と説明した。参加者は、じっとしたまま説明を聞いていた。

図2-10　DXプロジェクトのメンバーはプレゼンを理解・納得できるか
LNQ建設キックオフミーティングでのレイアウトと資料

ミーティングのレイアウト

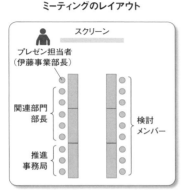

伊藤事業部長が使った資料

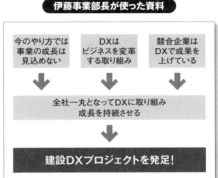

〈出題〉

キックオフミーティングでの伊藤事業部長のプレゼンは、DXプロジェクトの取り組みに対して参加者から理解や納得を得られるものではありませんでした。このプレゼンでの問題点と、どのように実施すべきだったかについて、伝え方と伝える内容に分けて考えてください。

▌伝え方と伝える内容それぞれに問題

伊藤事業部長のプレゼンには、伝え方、伝える内容のそれぞれで大きく3点、合わせて6点の問題がありました。

伝え方の問題の1つめは、参加者がプレゼンに集中しやすい座席のレイアウトになっていなかったことです。

キックオフミーティングでは、参加者が資料を投影するスクリーンを挟んで向かい合わせに座りました。このような対面形の座席配置は、コの字形やロの字形と同様に、参加者がプレゼンに集中しにくいレイアウトです。

　この座席配置では、参加者とプレゼン担当者やスクリーンとの間に距離ができます。また、参加者は顔や体を横に向けないとプレゼン担当者やスクリーンを見ることができません。また、正面に別の参加者が座っているため気が散ってしまいます。LNQ建設の例では、検討メンバーの目の前に部長層など上位職者が座っており、気を取られる分プレゼンに集中することができません。

　参加者をプレゼンに集中させるには、（1）プレゼン担当者やスクリーンの正面になるように座席を配置する、（2）プレゼン担当者やスクリーンと距離を空けすぎないようにする、（3）参加者のキーパーソンを前列中央に配置する——の3点に配慮することが有効です。LNQ建設の例では、スクリーンに向かって逆ハの字形2列か、学校の教室のような平行形2～3列で座席を並べ、特に意識を上げてもらいたい検討メンバーを前列に配置するレイアウトでプレゼンを実施すべきでした。

　伝え方の問題の2つめは、参加者から注目を集める姿勢・動作で説明

図2-11　参加者の注目を集め、集中させる
プレゼン担当者の適切な振る舞いと好ましいレイアウトの例

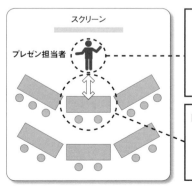

プレゼン担当者：参加者の注目を集める姿勢・動作
・時折参加者に近づく
・身ぶり手ぶりを使う
・表情や目の動きを変化させる
・ゆっくりと抑揚のある口調　など

レイアウト：参加者が集中しやすい「逆ハ」字形配置
・プレゼン担当者やスクリーンの正面になるような座席配置
・プレゼン担当者との距離を空けすぎない
・キーパーソンを前列中央に

していなかったことです。

　LNQ建設の伊藤事業部長は「スクリーンの横に立ち、時折参加者に視線を向け、手元に置いた資料を見ながら」説明しました。これでは参加者の注目を集めることはできません。

　プレゼンでは全身を使って説明し、参加者の視線を自分へ向けさせます。説明の際に「スクリーンの中央に立ち、時折参加者に近づく」「身ぶり手ぶりを使う」などの方法で参加者の注目を集めることができます。

　伝え方の問題の3つめは、参加者に興味を持って聞いてもらう話し方で説明しなかったことです。

　先の例で、伊藤事業部長による説明は「少し早口で淡々と」したものでした。相手に興味を持って聞いてもらうには、ゆっくりした口調で抑揚をつけると効果的です。ゆっくりとした口調で説明すると、相手は内容を正しく聞き取れる上、同時に考えを巡らすことができます。また、声の大きさやトーン、話すスピードを変えるなど抑揚をつけると、相手は飽きずに聞けます。

▌個人へのメリット伝達を忘れずに

　伝える内容にも問題があります。その1つめは、伊藤事業部長が取り組みのメリットを十分に説明しなかったことです。

　施策に取り組む関係者の意欲を高めるには、取り組み内容に加えて、それを実施するメリットを伝えることが重要です。メリットには、大きく「社会／顧客のメリット」「企業／組織のメリット」「相手個人のメリット」の3つの階層があります。参加者の意欲を高めるには特に、相手に個人的なメリットをしっかり伝えます。

　個人がメリットとして見いだす代表的な事柄には「重要性や新規性の高い仕事に挑戦できる」「自分の知識やスキルを高められる」「任された仕事を問題なく遂行できる」「仕事の内容や成果が評価される」「心身共に安全・安心に働ける」などがあります。

伊藤事業部長が説明したDXプロジェクトに取り組むメリットは、「事業の成長を続ける」という企業／組織のメリットだけで、参加者個人のメリットについては触れませんでした。参加者から同プロジェクトへの理解や納得を得るには、この取り組みにより「残業や休日出勤を減らす」「ベテランのノウハウを引き継ぎ、今後も問題なく業務を遂行する」や、「プロジェクトでの貢献は、本来業務での成果とは別に評価する」など、参加者個人がメリットを感じるメッセージも伝えるべきでした。

プレゼンでは席のレイアウトや資料の作り方もよく考えましょう

なるほど、後は実践を積み重ねないと

大塚

岡田

　伝える内容に関する問題の2つめは、取り組みの必要性を分かりやすく説明しなかったことです。
　伊藤事業部長が説明したストーリーは、「今のやり方に何らかの問題があり、それを続けていると事業の成長が見込めない」「成長を続けるにはDXに取り組むことが不可欠」というものでした。ですが「今のやり方」とはどういうやり方を指すのか、何が悪くて成長が見込めないの

か、DXとは何をすることなのか、DXに取り組むとなぜ成長を続けられるのかが分かりません。

　相手が理解も共感もできないストーリーをいくら説明しても納得は得られません。ストーリーは相手が容易に理解でき、共感できる内容であることが重要です。

　「なぜその取り組みが必要なのか」が容易に理解できるストーリーを説明すると、相手の納得性を高められます。分かりやすいストーリーを用意するには、まず、その取り組みにより解決を図る「現状の問題とその原因」、あるいは「課題と実現したい目的・目標」を明らかにします。そして、その取り組みが問題や課題の解決にとって有効であるというストーリーを組み立てます。

　上記を踏まえると、伊藤事業部長のプレゼンの改善点は明らかです。一例を示します。

　「当事業部は過去5年間、社員の皆さんの頑張りにより事業を拡大してきました。しかし、現在、それぞれの現場では、多大な手間や時間をかけて業務を遂行しており、残業や休日出勤など多くの負担をおかけしています。また、熟練を必要とする専門的な業務を担当しているベテラン社員の高齢化が進み、近い将来、事業を遂行できなくなる恐れがあります。このような状態が続いていると、皆さんへの負担がますます増えてしまう上、事業の成長は見込めません。そこで今回、デジタル技術を使って現場業務の効率化と標準化を進める建設DXプロジェクトを立ち上げることにしました」

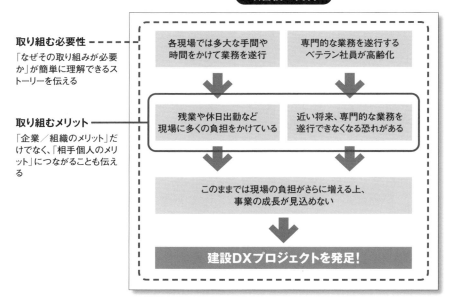

図2-12 分かりやすいストーリーで納得性を高める
容易に理解でき、共感できる「プロジェクト発足の背景・目的」の例

改善後の資料

取り組む必要性
「なぜその取り組みが必要か」が簡単に理解できるストーリーを伝える

各現場では多大な手間や時間をかけて業務を遂行

専門的な業務を遂行するベテラン社員が高齢化

取り組むメリット
「企業／組織のメリット」だけでなく、「相手個人のメリット」につながることも伝える

残業や休日出勤など現場に多くの負担をかけている

近い将来、専門的な業務を遂行できなくなる恐れがある

このままでは現場の負担がさらに増える上、事業の成長が見込めない

建設DXプロジェクトを発足！

成功事例を話に盛り込む

伝える内容の3つめの問題は、引用した事例が参加者に理解してもらうには不十分な内容だったことです。

プレゼンでは、参加者の意欲を高めるのに役立つ成功事例を紹介することが有効です。例えば同じ業界の競合企業、知名度の高い企業、似たような問題を抱えている企業などの事例です。説明する内容は、取り組みの背景や目的、解決した問題や課題、実現した業務の仕組みやシステム化内容、得られた効果などです。

伊藤事業部長は、「同じ悩みを抱えている競合企業は当社に先駆けてDXに取り組み、成果を上げています」と説明しました。これでは、同

じ悩みとは何なのか、競合企業とはどの企業なのか、どういう取り組みでどんな成果を上げたのかが具体的に分かりません。そのため、参加者は興味を持って聞くことも、取り組み意欲を高めることもできません。

　例えば、「皆さんもよく知る競合のA建設では、我が社に先駆けてデジタル技術を使って現場業務の効率化を進め、残業時間を30％削減しています」といった説明をすべきでした。

　演習への解答・解説は以上です。いかがでしたか？ 5つ以上の問題を見つけられた方は、伝えるスキルを十分に理解されています。後は実践あるのみです。残念ながら4つ以下だった方は、第2章を復習してください。

よどんだキックオフ

　旧知のYさんから連絡を受けました。10年以上前のことです。Yさんは、システム開発のプロジェクトマネジメントを得意とするベテランのITエンジニアで、当時、約50人が所属する部署の部長職を務めていました。筆者はコンサルティングを担当する、Yさんの所属する会社のグループ企業に勤務していました。

　用件は、「顧客企業のA社から要件定義プロジェクトの注文をいただき、部下のKさんに当社側のリーダーを任せることにした。Kさんは開発経験が豊富で優秀なエンジニアだが、事業部門メンバーの参加する要件定義のリーダーを担当した経験がない。アドバイスをもらいたいので、近く開催するキックオフミーティング（以下、キックオフ）に参加してもらえないか」というものでした。キックオフは、プロジェクトの立ち上げ時に関係者を一堂に集めて、プロジェクトの役割や進め方を説明する会議です。

　筆者は、その依頼に応じて、キックオフに参加することにしました。開始時間より早めにプロジェクトルームに行き、YさんとKさんから、プロジェクトの概要や進め方、キックオフでの説明内容を教えてもらいました。筆者から見て、プロジェクトの進め方には問題がなく、説明資料も分かりやすく作られていました。キックオフには、A社事業部門のメンバーが12人、IT部門のメンバーが5人、当社側のメンバーが8人参加するとのこと。

　開始寸前にYさんと一緒にキックオフの会場に入った瞬間、筆者は自分の間違いに気づきました。それは会場のレイアウトです。説明する側の顧客のIT部門と当社側メンバー、説明を受ける側のA社事業部門のメンバーが、プレゼンを担当するKさんと説明資料を投影するスクリーンを挟んで向かい合わせに座る対面型になっていたのです。

　筆者はプロジェクトの進め方や、説明の中身といった内容面ばかりが気

になり、レイアウトにまで気が回っていませんでした。もっと早く会場に入っていれば…。

　キックオフが始まるとKさんはスクリーンの横に立ち、30ページ以上ある説明資料を最初から最後まで、スクリーンの方を向きながら淡々と読み上げました。すると、説明の途中から、驚くべき光景を目の当たりにしました。事業部門からの参加者のうち3人が居眠りし、2人が小声で雑談を始め、Kさんの説明をまったく聞かなくなったのです。他の参加者も説明に集中しているようには見えませんでした。結局、説明が終わっても質問や意見はあまり出ず、キックオフはよどんだ空気のまま終了しました。

　会議を終わってプロジェクトルームに戻ると、YさんとKさんは落ち込んだ様子で筆者にアドバイスを求めました。筆者は、「せっかく良い内容を検討しているので、もう少しプレゼンに気を配るべきだったのではないでしょうか」と前置きし、2-3「相手を引き付けるプレゼンテーション」で解説した会場のレイアウトやプレゼンの方法を説明しました。

　アドバイスを真剣に受け止めたYさんとKさんは、その後プレゼンのやり方にも気を配るようになり、A社の要件定義プロジェクトを無事に終了させました。

第3章

受け取るスキル：
相手の言いたいことを正しく聞き出す

改革内容の検討に先駆け情報収集
抜け漏れなく効率良く集めるには

改革プロジェクトでは問題・課題を見定めてその解決策を立案・実行する。検討に当たっては、必要な情報を抜け漏れなく効率良く集めることが重要だ。集める情報の内容、収集方法であるヒアリング／アンケートの使い分けなどを解説する。

　本書は、業務やITの改革を助けるコミュニケーションを「伝える」「受け取る」「合意に導く」の3つと捉え、それぞれを効果的に実施する考え方や方法を解説するものです。本章では、相手から欲しい情報や意見を抜け漏れなく、効率良く「受け取る」スキルを紹介していきます。

　相手の話す内容、あるいは言わんとする内容を的確に聞き出し、正しく理解するスキルは、伝えることと同じくとても重要です。ここでは、業務やITを改革する際に集めるべき情報と、その情報の収集方法を説明します。

メンバーへのヒアリングに「待った」

　スピード工業では関係者を一堂に集めてキックオフミーティングを開催し、工場業務改革プロジェクトの趣旨と進め方を説明した。責任者の森山工場長が直接、プロジェクトの重要性やメンバーに期待することを話し、関係者の士気を大いに高めた。

　次のステップでは、プロジェクトの目的である「製造コストの抑制」実現に向けて解決すべき問題を把握するため、設計部、製造部、資材部、品証部の

代表者である検討メンバーから情報を収集する。推進事務局のリーダーであるIT部の岡田課長は、情報を効率良く集める方法について日経ソリューションズのベテランSE、大塚からアドバイスを受けることにした。大塚はプロジェクトにアドバイザーとして参加している。岡田は状況を報告した。

「おかげさまでキックオフミーティングが無事に終了しました。次は検討メンバーから現状の問題についての意見を個別に集めます」

「良かった！」と言った後、大塚が質問した。「検討メンバーからはどういうやり方で意見を集めますか？」

「各メンバーに1時間もらってヒアリングしたいと考えています」

答えを聞くと大塚の表情が曇った。

「岡田さんは現場で起きている問題を理解されていますか？」

「ほとんど理解していません…」

「それなら、いきなりヒアリングをするのはやめたほうがいいと思います」

「えっ。それではどういうやり方をしたらいいでしょうか」

岡田が真剣な表情で質問した。

「良いやり方をご紹介しますね」

▌問題・課題と解決策を確認

　自分が欲しい情報や意見を抜け漏れなく効率良く集めるには、どんな情報や意見をどういう方法で集めるかを理解する必要があります。業務やITの改革プロジェクトで関係者から集める情報や意見は、大きく分けて「現状の問題や課題」と「その解決策」の2つです。

　現状の問題とは、プロジェクトの目的・目標を阻害している好ましくない事象のことです。現状の問題を集める際、その意味を正しく理解するためには「何が問題か」だけでなく、「その問題によってどんな悪い影響が出ているか」「その問題を引き起こしている原因は何か」についての情報や意見も確認します。

　例えばスピード工業では、「技術力や納期意識の低い調達先を選んでしまうことがある」という問題が挙がった際、同時にその悪影響と発生原因を確認しました。「調達品の納期遅延や品質不良が発生し、対応に

図3-1　悪影響や原因なども聞く
現状の問題・課題について集めるべき情報とその例

問題＝目的・目標を阻害している事象 （技術力や納期意識の低い調達先を選んでいる）		課題＝目的・目標のために乗り越えるべき壁 （技術力や納期意識を踏まえて最適な調達先を選ぶ）	
悪影響	原因	効果	手段
納期遅延や品質不良が発生し、対応に時間やコストがかかる	・調達先を拡大している ・見積価格を中心に選定している	納期遅延・品質不良の発生とトラブル対応コストを減らす	過去に発生した調達先理由によるトラブルと対応コストを把握する

時間やコストがかかる」という悪影響、「調達コスト低減のために調達先を拡大している」「見積価格を中心に調達先を選定している」という発生原因です。これらを確認した上で、相手が提起した問題の意味を正しく理解します。

　課題とは、目的・目標のために乗り越えるべき壁のことです。「何が課題か」に加え「課題を解決したらどういう効果が期待できるか」「課題の解決に有効な手段は何か」も確認します。

　例えば、「見積価格だけでなく、技術力や納期を順守する意識も踏まえて最適な調達先を選ぶ」という課題が提示された際、「調達品の納期遅延・品質不良の発生とトラブル対応コストを減らす」という効果、「調達先理由により発生したトラブルと対応コストを把握する」という手段も確認しました。

▎解決策を5つの要素から見る

　問題や課題は、新しい業務の仕組みで解決できます。その有効な業務の仕組みが「解決策」です。業務の仕組みは、「業務プロセス」「制度・ルール」「組織・体制」「職場環境（設備、機器、人材など）」「システム化内容」の5つの要素から構成されます。相手が考えている解決策の意味を正しく理解するために、この5つに分けて情報や意見を確認します。

　先の「見積価格だけでなく、技術力や納期意識も踏まえて最適な調達先を選ぶ」という課題の解決策として、あるメンバーが「調達先に発注した際に想定されるトータルコストを比較して選ぶ」という意見を挙げました。その際、業務プロセスの要素から「発注した案件で調達先理由により発生したトラブルと対応コストを把握する」「過去のトラブル対応コストから調達先別のトータルコストを試算する」という意見を確認しました。同様に、制度・ルールの要素やシステム化内容の要素から挙がる意見も確認しました。

　相手に確認する際、解決策の特定の要素について意見が挙がることが

あります。その場合にはまずその意見を、次に他の要素についての意見も確認します。例えば最初に、システム化内容の要素から「調達先に関するコスト情報を一元管理するDB（データベース）を構築する」という意見が出たら、そのDBを活用する業務プロセスや、DBを構築したり維持したりするのに必要な制度・ルールなどの意見を確認します。

「現状の問題や課題」「その解決策」は、それらをよく知る人、意見を持つ人を選んで集めましょう。

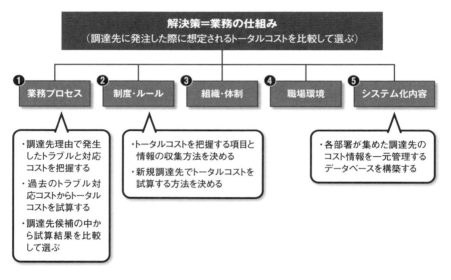

図3-2　解決策についての意見を5つの要素から確認する
業務の仕組みを構成する5つの要素とそれぞれに寄せられる意見の例

▌ヒアリングとアンケートの使い分け

相手から情報や意見を集める方法には、大きく「ヒアリング」「アンケート」「関連資料の回収」の3つがあります。ここではヒアリングとアンケートの使い分けについて説明します。それぞれの特性を理解して使い分けましょう。関連資料には、「問題や課題の根拠となるデータ」「過

去に類似の取り組みをした際の検討資料」「他社が取り組んだ先行事例」などがあります。ヒアリングやアンケートのどちらで情報や意見を集めても、関連資料を回収することは重要です。

　ヒアリングとは、情報や意見を集める相手から聞き取りを行うことです。相手がすぐに回答でき、かつ、自分（アンケート依頼側）が容易に理解できる情報や意見を集めるときに適しています。例えば、既存システムの運用・保守を担当しているエンジニアが、そのシステムを使っているユーザーから改善要望を集めるときなどに向いています。

　ヒアリングは一般に広く用いられる情報収集の手段です。時間が確保できれば手間はかからないので相手が受け入れやすい利点を持ちます。一方、ヒアリングの質問に相手がすぐに答えられない、また相手の回答が容易に理解できない情報や意見だと、期待する質や量を集めにくいのが難点です。

　一方、アンケートとは、相手に情報や意見を任意のフォーマットに記入してもらうことです。相手がすぐには答えられない、自分が容易に理解できない情報や意見を集めるのに適しています。

　理由は2つあります。1つは、相手は質問への回答をよく考えて整理して初めて、記入が可能になること。もう1つは、依頼側は相手の記入内容を時間をかけて読めるので、理解できることです。

　一般に、DX（デジタル変革）やシステム化で集める「目的・目標の実現を阻害している現状の問題」や「問題や課題の解決策」は、相手がすぐには答えられず、自分が容易に理解できない情報や意見です。従って、アンケートを使うのがお勧めです。そして、回収したアンケートを読み込んだ上で、理解できなかった点を確認したり、自分の理解が正しいかを確認したりするためにヒアリングを行うのです。

▌ヒアリングには依頼状を使う

　相手が記入する時間を取れない、過去に同様のアンケートを実施して

いたなどの理由から、アンケートを使えないことがあります。そのときには、ヒアリングで情報や意見を集めます。

そのとき、やり方を間違えると、相手はその場であまり深く考えず発言することになります。そうなると、伝えたい情報や意見が十分に出せなかったり、提供する情報や意見に抜け漏れが発生したりする可能性があります。また、相手から出た1つの意見について詳しく聞きすぎると、相手は他に話したい内容があっても話せなくなるかもしれません。すると聞きそびれたり、時間切れになったりします。

ヒアリングで質の高い情報や意見を集めるには、相手に提供してほしい情報や意見を事前に伝え、準備しておいてもらうと効率的です。そのときに役立つツールが「ヒアリングの依頼状」です。依頼状には（1）ヒアリングの目的（2）聞きたいこと（3）ヒアリング時の留意点（4）日時・場所（5）ヒアリングまでのお願い事項――を記載します。

図3-3　情報や意見を集める際にヒアリングとアンケートを使い分ける
ヒアリングとアンケートそれぞれの特性

ヒアリング	アンケート
情報や意見を集める相手から聞き取りを行う	相手に情報や意見を任意のフォーマットに記入してもらう
適する情報 相手がすぐ回答でき、かつ自分が容易に理解できる情報や意見	**適する情報** 相手がすぐ答えられず自分も容易に理解できない情報や意見

相手に手間がかからないので受け入れられやすい	相手に手間がかかるが、整理された情報を得やすい

1. ヒアリングの目的

プロジェクトの概要やヒアリングの趣旨を記載します。例えば「『工場業務改革プロジェクト』では、製造コストの抑制を目的として解決すべき問題を明らかにした上で、その問題を解決する新しい業務の仕組みを構築します。そのため、皆さまに現行業務上の問題に関するヒアリングを実施いたします」のように記載します。

2. 聞きたいこと

どのような立場で話をしてほしいか、どういう情報をどれくらい提供してほしいかを記載します。「所属部署を代表する立場から、プロジェクトの目的である『製造コストの抑制』の実現を阻害している現状の問題について、重要だと思われるものを3〜5点お聞きします」のように記載します。

3. ヒアリング時の留意点

ヒアリングの場で気をつけてほしい点を記載します。「本プロジェクトは、今後の業務プロセスやルール、システム化内容を決める重要な取り組みです。ぜひとも本音の意見をお聞かせください」のように記載します。

企業の風土やメンバーの性格によっては「人から悪く見られるのではないか」「評価が下がるのではないか」と考えて、本音の意見を出してくれないことがあります。しかし、真に効果的な改革を実現するには、本音の意見を集めることが重要です。そこで、プロジェクトの責任者を務める経営幹部や上位管理者から、本音の意見を出したメンバーを悪く評価しない旨事前に承認を得ておきましょう。むしろ本音の意見を出すよう奨励してもらってください。

4. 日時・場所

調整の上、間違いの無いように伝えます。

5. ヒアリングまでのお願い事項

　事前に考えてほしいこと、やっておいてほしいこと、用意しておいてほしい資料や情報などを記載します。例えば「所属部署に意見を聞いたほうがよいと思うメンバーがいれば、事前に意見を確認しておいてください」「問題を裏付ける資料や情報があれば持参してください」のように記載します。

　依頼状はヒアリングの1週間前までには相手に送付します。2〜3日前に電話かメールで念押ししておくと確実です。

図3-4　事前に提供してほしい情報や意見を相手に伝える
「ヒアリング依頼状」に記載する内容

❶ **ヒアリングの目的**
　プロジェクトの概要やヒアリングの趣旨

❷ **聞きたいこと**
　どのような立場で、どういう情報をどれくらい提供してほしいのかの情報

❸ **ヒアリング時の留意点**
　ヒアリングの場で気をつけてほしい点や誤解を避けたい点

❹ **日時・場所**
　ヒアリングを実施する日にち、時間、場所

❺ **ヒアリングまでのお願い事項**
　事前に考えてほしいこと、やっておいてほしいこと、用意してほしい資料などの情報

欲しい情報を効率良く集める
5つの質問法を使いこなす

3

改革内容を検討する際には、現状の問題を把握した上で解決策につなが
る情報が必要だ。改革リーダーは関係者から聞きたいことを引き出すヒ
アリングスキルを使いこなしたい。相手から抜け漏れなく、効率良く情
報を集める質問の5つの方法を解説する。

　業務やITの改革で解決を図る課題やデジタル技術を用いた解決策を
検討するには、経営層や事業部門などから、現状の問題や要望、解決策
に関する情報を集める必要があります。しかし面識が全くない、あるい
はほとんどない相手から、効率良く情報を集めるのは簡単ではありませ
ん。それを実践するにはヒアリングのスキルを理解し、使いこなせるよ
うにすることが重要です。

　ヒアリングのスキルは「質問のスキル」と「聞き方のスキル」に大別さ
れます。質問のスキルは、相手から効率良く情報を集める質問の仕方の
ことです。ここでは、実践で使える質問のスキルを解説します。

深掘り質問か反復質問か

　スピード工業の「工場業務改革プロジェクト」では、目的である「製造コス
トの抑制」の実現を阻害している現状の問題を把握するため、設計部、製造部、
資材部、品証部から選出された検討メンバーにアンケートを実施した。さら
にプロジェクト推進事務局は、アンケートの記入内容を正しく理解する目的
で、検討メンバーそれぞれにヒアリングすることにした。

推進事務局のリーダーを務めるIT部の岡田課長は、アドバイザーである日経ソリューションズのベテランSE大塚に、ヒアリングでの留意点についてアドバイスを求めた。

「Open-Close質問」「深掘り質問」「反復質問」を使いこなしましょう

なるほど、このやり方なら曖昧さをなくせそうですね

大塚　　　　　　　　　　　　　　　　岡田

「アンケートの記入内容について、検討メンバーにヒアリングするときの留意点を教えてください」

「質問の仕方と、話の聞き方に気をつけることです」。大塚がゆっくりと答えた。

「まずは質問の仕方について教えてください」

「指摘された問題の内容を詳細に把握するため、問題が引き起こしている悪い影響や問題の発生原因を繰り返し質問することが重要です。その質問法を深掘り質問といいます」

岡田はメモを取り、うなずきながら大塚の説明を聞いた。

「深掘り質問を使って相手の意見を詳しく確認するのですね！　それでは

話の聞き方について教えてください」。岡田は質問を続けた。

「その前に、質問の仕方で気をつけることは他にもありますよ。ここでは反復質問をすべきでしたね」

「反復質問ですか…？」岡田がきょとんとした表情を浮かべた。

「了解しました。反復質問も含めて実践で役立つ質問の仕方を説明しましょう」

▌Open-Close質問を使い分ける

実践で非常に役立つ質問のスキルは5つあります。(1) Open-Close質問 (2) 深掘り質問 (3) 反復質問 (4) 意味の明確化 (5) 論理性チェック——です。

「Open-Close質問」は、相手から情報を集める際に、集める情報に対する自分の理解度（仮説の確度）によって使い分ける質問法です。

図3-5　質問の仕方を使い分け、効率良く情報を集める
実践に役立つ5つの質問方法

❶ **Open-Close質問**
5W2Hで意見を聞くOpen質問と、仮説から選択させるClose質問を使い分ける

❷ **深掘り質問**
相手から聞き出した問題の影響や原因、要望の目的や手段を繰り返し聞く

❸ **反復質問**
相手の回答が複数考えられる場合に、すべての回答を得るまで質問を繰り返す

❹ **意味の明確化**
曖昧な表現や専門用語、説明の不足について、意味を具体的に確認する

❺ **論理性チェック**
回答の論理的な矛盾や飛躍を詳しく確認する

Open質問は、5W2H（Why／What／Who／When／Where／How：どれくらい／How to：どうやって）で始める質問法で、相手から多くの情報を集めることができます。集める情報について自分がよく理解できていないときに用います。

　例えば「調達コストが下げられないのはなぜか」（Why）、「調達品の納期遅延や品質不良が発生するのはどのようなときか」（When）というように質問します。それらの質問により、相手から「調達品の納期遅延や品質不良が多発しており、その対応に手間やコストがかかるため」「技術力や納期意識の低い調達先に発注したとき」といった回答を得られるでしょう。

　一方、Close質問は、こちらの想定した仮説にYes／Noで回答しても

図3-6　確度の高い仮説が立つかどうかで質問を使い分ける
Open質問とClose質問の使い分け

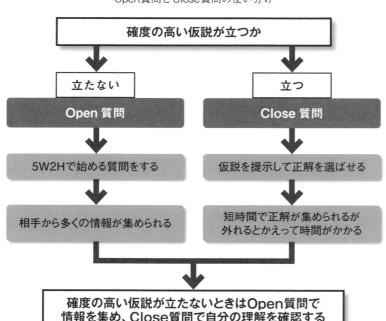

らう、あるいは、こちらが想定したいくつかの選択肢の中から正解を選んでもらう質問法です。

相手から集める情報について確度の高い仮説が立つときに用いるようにしましょう。例えば「納期遅延や品質不良が発生するとその対応に手間やコストがかかるのか」「納期遅延が発生したときに調達先と交渉するのは製造部か、資材部か、品証部か」という質問です。それらの質問への回答は「その通り」「製造部だ」といった、自分の提示した情報を断定するものになります。

想定した仮説が正しい場合には、Close質問を使うと効率良く短時間で正解を集めることができます。しかし仮説が外れているとかえって時間がかかり、相手の信頼を失うことにもつながります。

一般にはOpen質問を使って相手から情報を集め、Close質問を使ってその情報について自分の理解を確かめるやり方が効果的です。「技術力や納期意識の低い調達先を選んでしまうために納期遅延や品質不良が発生することがあり、その対応に手間や時間がかかっているという理解でいいか？」と質問できるでしょう。

▌影響や原因が分かるまで質問する深掘り質問

人は質問に対し、考えていることすべてを言葉にして表現するのは難しいものです。回答時は、考えていることの一部しか言語化していません。そこで、相手の意見を詳細に理解するための質問をする必要があります。

その質問法が「深掘り質問」で、ディープリスニングとも呼ばれます。一部引き出した問題に対する影響や原因、要望に対する目的や手段を質問して、相手が「分からない」「考えていない」と答えるまで、あるいはプロジェクトの目的との関係が明らかになるまで深掘りして聞いていきます。

例えば相手が「技術力や納期意識の低い調達先を選んでしまうことが

図3-7　相手の指摘した問題の影響や原因、要望の目的や手段を確認する

相手の意見を詳細に理解する「深掘り質問」の例

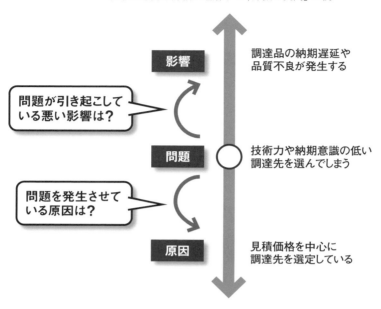

ある」と問題を指摘した際に、「その問題により、どのような悪い影響が出ているか」と質問して「調達品の納期遅延や品質不良が多発する」という回答を得たとします。さらに「その結果どのような悪い影響が出ているか」と質問すれば、「トラブル対応に手間やコストがかかる」という、プロジェクトの目的である「製造コストの抑制」に直結する回答を得られます。

　同じように「その問題を発生させている原因は何か」という質問で深掘りすると「見積価格を中心に調達先を選定しているから」「調達コストを下げるため」という回答を得られるでしょう。これもプロジェクトの目的に沿う現状把握になります。

▊反復質問で意見を漏らさない

　質問には、相手の回答が1つに限定される質問と、複数の回答が考えられる質問の2種類があります。相手の氏名を聞いて得られる回答は1つですが、趣味を聞けば複数の回答があるでしょう。

　業務やITの改革プロジェクトで、現状の問題や課題、課題の解決策などをヒアリングする際、相手からの回答は複数あると考えられます。しかし、聞き手は1つの回答を得ると別の質問に移ってしまい、相手の考えているすべての意見を集められないことが多々あります。

　複数回答が考えられる場合に、すべてを吸い上げる効果的な質問法が「反復質問」です。反復質問では、相手が「他にない」「分からない」と答えるまで同じ質問を繰り返します。

　例えば、こちらが「現状の問題は？」と質問したときに、相手が「調達品の納期遅延や品質不良が多発している」と答えたとします。その後、「それ以外に問題はあるか」と同じ質問をします。それに対してさらに相手が「製造設備が突発的に停止することがある」と答えたとしま

図3-8　複数回答からすべての意見を吸い上げる
意見が出尽くすまで同じ質問を繰り返す「反復質問」

例）調達品の納期遅延や品質不良が多発する

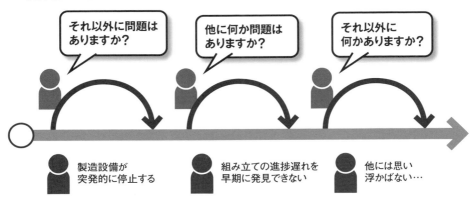

す。再度「それ以外に問題はあるか」と聞くと「組み立ての進捗遅れを早期に発見できない」と聞き取れました。「それ以外に何かあるか」と繰り返し、相手が「他には思い浮かばない」と言うまで質問します。

ITエンジニアは、1つの意見が出た際、問題の原因や課題の実現手段を知りたくなる傾向が強く、他の問題や課題を集めることを忘れがちです。反復質問を使い、意見を漏らさず集めるようにしてください。

▍意味の明確化で曖昧性を排除

相手が専門用語や曖昧な表現を使って質問に答えることがあります。また、具体的な事実だけを説明されて、その事実から何が言いたいのか分からないことがあります。ヒアリングでは相手の意見を分かった気になってしまい、後で意味を理解していなかったと気づくケースが多いのです。

「意味の明確化」は、相手から引き出した意見に専門用語や曖昧な表現が含まれていたり、説明が不足している点が見受けられたりしたときに、その意味を正しく理解するために用いる質問法です。ファクト・ファインディングともいいます。

相手の意見を5W2Hの観点で自分が理解できているかを頭の中で確認し、もし分からない点があれば質問します。

例えば「調達品のトラブルが多発している」という意見では「トラブル」という表現が曖昧です。そこで「調達品のトラブルとは具体的にどういうことか」のように質問すると、「約束していた納期に納品されなかったり、調達品の受け入れ検査をすると要求した品質基準を満たしていなかったりすること」といった、曖昧さを排除した回答を得られます。

▍矛盾や飛躍を防止する論理性チェック

論理的に矛盾や飛躍のある意見を、それと気づかないまま集めてしま

うことがあります。「論理性チェック」でそれを防ぎます。

　論理性チェックには「1つの意見内の論理性チェック」と「複数意見の間の論理性チェック」があります。

　1つの意見内の論理性チェックでは、相手から引き出した意見の「問題と影響の関係」「目的と手段の関係」に着目し、矛盾や飛躍があればその点を質問します。

　「技術力や納期意識の低い調達先を選んでしまい、調達コストが膨らむ」という意見は、一見分かるような気がします。しかし、そうした調達先を選んだからといって、いきなり調達コストが膨らむと結論づけるのは、論理に飛躍があります。そこで「技術力や納期意識の低い調達先を選ぶことで、どういう悪い影響が出ているのか」のように質問します。すると「納期遅延や品質不良が発生して、その対応に時間やコストがかかる」という回答を得るわけです。

　複数意見の論理性チェックでは、相手が現在話している意見と、それ以前に話した意見を頭の中で突き合わせながら聞き取ります。それらの意見の中で論理的な矛盾があれば、確認します。

　相手から「近年、調達コストが膨らんでいる」という意見を得た一方で、それより前に「現状では、見積価格の低い調達先を選んでいる」という意見を既に聞いていました。「見積価格の低い調達先を選んでいるのに調達コストが膨らんでいる」というのは論理的に矛盾しています。

　そこで、その点を確認したところ「見積価格が安いものの、その調達先の技術力や納期意識が低い場合がある。そうなると納期遅延や品質不良が発生して、かえってコストが膨らむ」という矛盾のない論旨を聞き取れました。これなら理解できます。

　5つの質問法はいずれも実践的なので、日常業務でぜひ活用してください。

相手が意見を出す意欲を高める「聞き方」のスキルで興味を伝える

業務・IT改革の検討では、相手が情報を出しやすくする「聞き方」のスキルがある。改革リーダーの聞き方によって、相手の話す意欲に差が出るのだ。アクティブリスニングを使って、こちらの関心・興味を相手に伝えることが重要。座る位置や角度にも気を配ろう。

　業務やITの改革内容を検討する際には、主に3つのグループに聞き取りをします。経営層からは改革の背景や目的、改革の対象範囲についての情報を集めます。事業部門からは現行業務上の問題・課題や業務視点で見た解決策についての情報を、そしてIT部門からは現行のITに関する問題・課題やIT視点での解決策についての情報を集めます。

　上記のように多岐にわたる情報を漏らさず、効率良く集めるには、ヒアリングスキルを習得し、使いこなせるようにすることが重要です。

　ヒアリングスキルは、相手から効率良く情報を集める「質問のスキル」と、相手が情報を出しやすくする「聞き方のスキル」に大別されます。ここでは、実践で使える「聞き方のスキル」を取り上げます。

意見を言いにくい位置がある

　スピード工業の「工場業務改革プロジェクト」の推進事務局は、次週、事業部門から選出された検討メンバーに、現状の問題についてのヒアリングを実施する。

　現在、推進事務局のリーダーを務めるIT部の岡田課長は、プロジェクトの

アドバイザーを務める日経ソリューションズのベテランSE、大塚から、ヒアリングでの留意点についてアドバイスを受けている。そしてまず、ヒアリングで有効な5つの質問法を覚えた。

これから各部門をヒアリングするのですが、うまく情報を聞き出せるか心配です

相手の話す意欲を高めるのがポイントですよ

岡田

大塚

「5つの質問法は勉強になりました。来週のヒアリングで使います」

岡田は深々と頭を下げた。

「それはよかった。ところで、岡田さんはいつもその位置でヒアリングをしていますか？」

大塚が思いもかけない質問をしてきた。4人掛けの机で、岡田は大塚の真正面の椅子に座って打ち合わせをしていた。

「はい。いつも相手の真正面に座るようにしています」

岡田は、正直に答えた。

「その位置だと相手は意見を言いにくいと思いますよ」。大塚が言う。

岡田が驚いた表情になった。

「ヒアリングでは座る場所に気を配ることも重要です。相手が情報を出しやすくする聞き方について説明しましょう」

▌相手が話したくなる聞き方

　自分が話している途中、相手は下を向いて、うなずきもせずに話を聞いていた。時計やスマートフォンを気にしながら関心なさそうだった――。そういう経験はありませんか？　相手がそういう聞き方だと、話す意欲を失うものです。

　「聞き方」のスキルは、こちらが上手に聞くことで、相手の話す意欲を高め、積極的に情報を出してもらうスキルです。代表的なスキルである（1）ポジショニング（2）アクティブリスニング（傾聴）（3）ネガティブリスニングの3つを取り上げます。

ポジショニング：相手と適正な距離を保つ

　ヒアリングでは座る位置に気を配る必要があります。どこに座るかは、相手の話しやすさに大きく影響します。聞き手があまりにも近い場所に座ったり、真横の椅子に座ったりすると、相手は話がしにくくなります。

　ポジショニングとは、ヒアリングにおいて、相手と自分の座席の位置関係を指します。相手がリラックスして話せるようにするには、相手との距離と角度に気を配ります。

　相手と自分の距離を「対人距離」といいます。ヒアリングでは、適正な対人距離を取るようにします。米国の文化人類学者エドワード・T・ホールは、相手に対して感じる親しさや見知っている度合いによって、ストレスを受けずにコミュニケーションが取れる対人距離を4つに分類しています。

・家族や恋人のような非常に親しい間に許される「密接距離」：〜45cm

- 親しい友人や知人との間の「個体距離」：45〜120cm
- 職場の同僚や取引相手などに適応される「社会距離」：120〜360cm
  （会話や商談をする際は120〜200cm）
- 面識のない相手同士に適した「公衆距離」：360cm〜

　満員電車がストレスなのは、本来は社会距離か公衆距離を取りたいのに、密接距離まで踏み込まれるのが要因だと考えられています。

　業務・IT改革プロジェクトでのヒアリングは職場の同僚や取引相手とのコミュニケーションに当たり、社会距離を取ることが適正です。会話や商談に適する120〜200cmの社会距離を取ってヒアリングするようにしましょう。

▌相手と角度をつけて座る

　相手と自分との座る角度を「対面角度」といいます。ヒアリングのポジショニングでは対面角度にも気を配るようにします。

図3-9　「対人距離」と「対面角度」を考慮して座る位置を決める
ヒアリングでのポジショニング

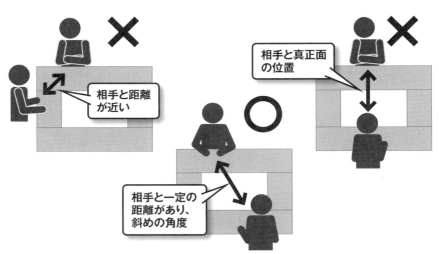

相手と距離が近い

相手と真正面の位置

相手と一定の距離があり、斜めの角度

一般にヒアリングをするとき、相手の真正面に座る人が多いようですが、その場所はお勧めできません。真正面の配置は「対立の姿勢」と呼ばれ、目の前に人がいることで圧迫感を与えます。相手にとっては話がしにくくなります。

　そのため、ヒアリングでは、少し角度のつく位置に座るようにします。そうすることで、相手はストレスを感じずに話ができます。ただし、正面にある椅子に座らず角度をつけて座ると、相手が違和感を持つ場合があります。そこで筆者は、相手の正面にある椅子を少しずらして、角度をつけて座るようにしています。

アクティブリスニング：傾聴する

　アクティブリスニングとは、相手や相手の意見に自分が興味・関心を抱いていると伝わるよう、積極的な姿勢・態度で聞くことです。傾

図3-10　興味や関心が相手に伝わるように聞く
アクティブリスニングの代表的な方法

聴ともいいます。「興味・関心を持って聞くこと」だと思われがちですが、それだけでは不十分です。積極的に情報を出してもらうには、「自分（依頼側）の関心や興味が、相手に着実に伝わること」が重要です。

　いろいろな方法がありますが、すぐに実行できて効果のある「前傾」「記録」「注視」「相づち」「同意・共感」「驚嘆（きょうたん）」の6つを紹介します。

　まず前傾とは、話を聞く際に、上半身を相手側に傾けて聞くことです。身を乗り出して話を聞くと、相手にこちらの真剣さを伝えられます。

　記録は、相手が話しているときにメモを取りながら聞くことです。聞きながら目の前で真剣に記録を取ると、相手は自分の話に興味があると感じ、好意を持ってくれるはずです。アクティブリスニングでの記録は、こちらの興味を伝えるために、本題からズレる話でも、もともと知っている話でも、メモを取る行為自体が重要なのです。ただし、相手がオフレコで話題を出してくれたようなときには、あえてメモを取らない配慮も大切です。

　そして、注視とは、相手を見ながら話を聞くことです。「メモを取る」といっても、ずっと下を向いたままでは、相手に興味・関心が伝わりにくくなります。そこで、メモを取る合間に顔を上げて、相手の目や胸元を見ながら話を聞くようにします。

▍話に合わせてリアクション

　相づち、同意・共感、驚嘆はいずれも、相手の話に合わせ、分かりやすくリアクションする動作といえます。

　相づちは、相手の話が理解できたときに、うなずきながら聞くことです。はっきりとうなずく動作で、相手は話の内容が分かってもらえたことを確認できます。そうなると、聞き手への好感が増し、話をする意欲が高まります。ただし、むやみにうなずいてはいけません。「分かったふりをしている」と不信感を持たれることもあるからです。

同意・共感は、単に相手の話が理解できただけでなく、その内容に賛同したときに取るリアクションです。例えば、「なるほど」「よく分かります」「大変ですね」などの言葉を発します。同意・共感を示すと、相手は聞き手を仲間として見てくれるようになるので、信頼を高められるでしょう。同意・共感をするには、相手の立場や役割を理解して話を聞くことが重要です。

　驚嘆とは、思いも及ばなかった話を相手がしたときに、驚きや感心を示すことです。そのときのリアクションは、「そんなことになっているのですか！」「すごいですね！」「すばらしいアイデアですね！」などの言葉を発したり、目を見開いたりなどして驚きを表情で示します。

　相手との信頼関係を高める上で有効ですが、人によっては、驚きや感心を示す言葉や表情を使って伝えるのは簡単ではないかもしれません。日常のコミュニケーションの中で、そうした言葉や表情を心がけることで慣れると思います。

ネガティブリスニング：話す意欲を低下させる

　アクティブリスニングとは反対に、相手の話す意欲を低下させる聞き方がネガティブリスニングです。代表的なものに「うわの空」「中断・遮断」「自己解釈」「批判・否定」があります。

図3-11　相手の話す意欲を低下させる聞き方をしない
ネガティブリスニングの代表例

うわの空	中断・遮断	自己解釈	批判・否定
ぼんやりした様子で話を聞く	相手が話し終わる前に割り込む	思い込みや早合点から発言する	相手の意見をぶしつけに批判・否定する
…	ちょっといいですか	それってこういうことですよね	それが本当の問題でしょうか

うわの空は、ぼんやりした様子で話を聞くことです。相手を見ない、頬づえをつく、時計や携帯電話を気にする、相手が話しているのにメモを取らないといった態度がそれに当たります。

　中断・遮断は、相手の話が終わる前に聞き手が割り込んで意見や質問を言うことです。そうすると、相手は話の腰を折られたように感じ、話す意欲を低下させてしまいます。

　そして自己解釈は、相手の意見に対して間違った思い込みや分析をして断定的に発言することです。相手に「分かっていないな」と思われ、信頼度が低下してしまいます。自分の理解に自信がない場合には、「こういう理解でよろしいでしょうか」のように疑問文で話すなど、断定的ではない言い方をしましょう。

　最後は、相手の意見に対してぶしつけに反対意見を述べる批判・否定です。「それが本当の問題でしょうか」「今の意見は論理的に矛盾していますよね」といった発言です。面識がない、あるいは少ない相手には、聞き手の人柄や実力は分かりません。批判・否定を使うと相手は不快に感じ、一発で不信感を持たれるケースがあります。

　ネガティブリスニングは、ついつい無意識に使ってしまいがちです。しかし、それを使うと相手には自身の意見に関心がないように見えてしまいます。意識して使わないようにしましょう。ヒアリングは、相手の意見を正しく理解する目的で実施します。前節で相手の意見が曖昧な場合に使う「意味の明確化」、論理的な矛盾や飛躍がある場合に使う「論理性チェック」という質問法を解説しましたが、ネガティブリスニングになりやすいので、特に注意を払います。

　「興味深いご意見なので詳しくお聞きしたいのですが」「理解が追いつかなかったので確認させてください」のように、相手が不快にならない聞き方をしましょう。

　聞き方は日常の中で練習できるスキルです。意識して使うと短期間で上達できます。

図3-12　ヒアリング時に相手の話す意欲を高める
「聞き方」の3つのスキル

❶ **ポジショニング**
相手と自分の座席の位置関係（距離と角度）に気を配る

❷ **アクティブリスニング**
相手の意見に興味・関心を抱いていると伝わる積極的な姿勢・態度を取る
例：相づち、同意・共感、驚嘆

❸ **ネガティブリスニング**
相手の意見に興味・関心がないよう伝わり、話す意欲を低下させるので使わない
例：うわの空、中断・遮断、自己解釈、批判・否定

質問の工夫が情報収集を変える
ヒアリング失敗例でスキルを検証

3

業務・IT改革の成功には、「伝える」「受け取る」「合意する」のコミュニケーションスキルが不可欠だ。この中から「受け取る」、情報や意見の集め方のスキルを実践していただこう。現場へのヒアリングを例に、受け取るスキルへの改善点を見つける演習を出題する。

　本章では、欲しい情報を抜け漏れなく、効率良く「受け取る」スキルを解説しました。ここでは、受け取るスキルの理解を深めるために、架空の事例を用いて演習を出題します。ぜひ取り組んでみてください。

 面識のない相手にヒアリング

　工場やオフィスビル向けに空調設備や配管設備の施工とメンテナンスを手掛けるLNQ建設は、最近売り上げを大きく伸ばしている。だが設計、施工、設備保守の現場は多忙を極め、社員の長時間残業や休日出勤が増えた。また、熟練社員の高齢化も悩みだ。
　そこで先日、デジタル技術を使った業務効率化と標準化を目的として、「建設DX（デジタル変革）プロジェクト」を立ち上げた。伊藤事業部長が責任者を務め、設計部、施工部、保守サービス部の課長層が「検討メンバー」に、IT部の福田部長、清水課長、坂田課長の3人が「推進事務局」に選出されている。

推進事務局は、関係者を一堂に集めたキックオフミーティングを開催した後、検討メンバーから「現状の問題」とその「解決策」に関する意見をアンケートで求めた。そして、アンケートの記入内容を正しく理解するため、清水と坂田が手分けして検討メンバーにヒアリングを実施することにした。2人はこれまで基幹システムの開発や運用を担当してきたため、現場部門との面識は少ない。現場業務の深い知識も持ち合わせておらず、上手に意見を引き出せるか不安を持っていた。

　現在、清水は、施工部の小林課長にヒアリングしている。施工部は、設計部の作成した図面に従い設備の建設工事（施工）を行う部署だ。施工は、実際に施工を行う「施工作業」と、施工担当者に作業を指示してその状況を管理する「施工管理」に分かれる。施工管理は課長職10人が担当している。

　小林はアンケートに、「施工状況の確認や担当者への作業指示に手間や時間がかかる」という施工管理に関する現状の問題と、「遠隔地からでも施工状況の確認や作業指示が行えるようにする」という解決策を記入していた。

　清水は、小林の真正面の椅子に座り、現状の問題から質問を始めた。

　清水「問題の影響は、施工管理を担当する課長層の残業が増えるということでしょうか？」

　小林「そうですね。施工部の課長は全員、毎月50〜60時間は残業していますよ」

　小林は声のトーンを上げて説明した。清水はうなずきながら話を聞き、続けて問題の発生原因を確認した。

　清水「問題が起きる原因は、施工作業で確認する内容が多いということでしょうか？」

　小林「図面通りに作業が行われているか、確認するポイントは

多いですね」

　清水「課長層が見ている案件の数が多いことはあるのでしょうか？」

　小林「それもありますね。今のところ、だいたい4〜5件の現場を掛け持ちしています」

　小林によると、課長層は毎日、施工現場を2〜3件ずつ巡回しているという。

　清水「施工が夜中まで行われるというようなこともありますか？」

　小林「いや。それはないですね」（きっぱりと否定）

　清水「本当ですか？　以前、施工部の方から、深夜まで作業することが多いとお聞きしましたが…」（疑うような口ぶりで確認）

　小林「それはだいぶ昔の話でしょ。今は、よほどのことがない限り、夜中の作業はないですよ」（いぶかしそうな顔つきで言い切る）

　清水は質問を変えた。

　清水「分かりました。次に、解決策の内容を教えてください」

　小林「現在、施工状況の確認や担当者へ作業指示を出すのに、自宅やオフィスから現場への移動、現場から別の現場への移動に毎日3時間はかけています。しかし、重要な作業を除けば、施工した状態を画像で見れば図面と作業のズレは分かります。なので、オフィスや別の現場に画像を送ってくれれば、現場に行くケースは半減できます」

　小林はアンケートに記入した解決策のアイデアを詳しく説明した。ヒアリングの残り時間が気になった清水は腕時計をしばらく眺めていた。残り時間が短くなっていた。

　清水「よく理解できました。お聞きしたご意見を参考にして検討を進めたいと思います。本日はありがとうございました」

表3-13　ヒアリングの結果は十分だったか

清水課長がヒアリングで小林課長から集めた情報

	IT部 清水課長（聞き手）	施工部 小林課長（話し手）
問題の影響	施工管理者の残業が増えるのか？	毎月50～60時間残業している
問題の原因	施工作業の確認ポイントが多いのか？	多い
	管理している案件数が多いのか？	4～5件の現場を掛け持ちしている
	施工が夜中まで行われるのか？	それはない
	深夜までの作業が多いと聞いたが？	よほどのことがないと夜中の作業はない
問題の解決策	解決策は？	状況確認や作業指示のための移動時間に毎日3時間以上かかる。施工状態を画像で送ってくれれば、半分のケースは現場に行かなくて済む

・・・・・・・・・・・・　出題　・・・・・・・・・・・・・

　清水課長のヒアリングは、「相手から情報を抜け漏れなく効率良く集める」という観点で、いくつか問題がありました。このヒアリングでの問題と、本来どのように実施すべきだったかを、ぜひ自分ごととして考えてください。

質問の仕方と話の聞き方、7つの問題

　清水課長のヒアリングは質問の仕方で3点、話の聞き方で4点、合計で7点の問題がありました。それらの問題は何か、改善案と併せて解説します。

　質問の仕方に関して良くなかった1点目は、現状の問題の原因を聞く際に、自分の考えた仮説を提示して正解か不正解かを確認する方法で情報を集めようとしたことです。最初に提示した2つの仮説（施工作業で確認する内容が多い、管理する案件の数が多い）は小林課長の意見と合っていましたが、3つめ（施工が夜中まで行われる）は外れました。そこ

で清水課長は質問を打ち切ったので、現状の問題の原因すべてを聞き取ることができませんでした。

情報を集める質問法には、相手から多くの情報を収集するために5W2H（Why ／ What ／ Who ／ When ／ Where ／ How：どれくらい ／ How to：どうやって）で始める Open 質問と、こちらの想定した仮説に Yes ／ No で回答してもらう、あるいは、いくつかの選択肢の中から正解を選んでもらう Close 質問があります。

仮説が正しく立てられるときは Close 質問を使うと効率良く正解を集めることができますが、外れているとかえって時間がかかります。

清水課長が、自身がよく理解しておらず、仮説がうまく立てられない情報を集めていることを考えると、現状の問題の原因は、まずは Open 質問で情報を集め、Close 質問で自分の理解が正しいかを確かめるべきでした。

質問の仕方について良くなかった2点目は、現状の問題による影響や、発生原因を質問する際、反復質問を行わなかったことです。反復質問とは、相手の回答が複数考えられる質問をする場合に、相手が「他にはない」「分からない」と答えるまで同じ質問を繰り返す質問法です。

図3-14　抜け漏れなく効率良く情報を集める質問法
Open-Close質問、反復質問、深掘り質問

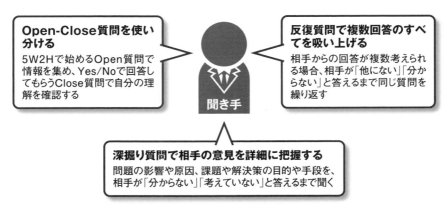

Open-Close質問を使い分ける
5W2Hで始めるOpen質問で情報を集め、Yes/Noで回答してもらうClose質問で自分の理解を確認する

反復質問で複数回答のすべてを吸い上げる
相手からの回答が複数考えられる場合、相手が「他にない」「分からない」と答えるまで同じ質問を繰り返す

聞き手

深掘り質問で相手の意見を詳細に把握する
問題の影響や原因、課題や解決策の目的や手段を、相手が「分からない」「考えていない」と答えるまで聞く

現状の問題の影響や原因についての質問では、複数回答が考えられます。しかし清水課長は、問題の影響については1つの回答を得た一方、原因については2つの回答を得たところで質問を終わりにしました。その結果、「状況の確認や作業指示でミスが発生しやすい」という影響、「状況の確認や作業指示のために多大な移動時間がかかる」という原因を聞き逃しました。

　3点目は、解決策の内容を聞く際に、深掘り質問をしなかったことです。深掘り質問とは、相手の意見を詳細に把握するために、現状の問題の「影響や原因」、課題や解決策の「目的や手段」を、相手が「分からない」「考えていない」と答えるまで繰り返し聞くことです。

　解決策の確認では、業務の仕組みを構成する「業務プロセス」「制度・ルール」「組織・体制」「職場環境」「システム化内容」の観点で聞くと有効です。

　清水課長は、現状の問題の影響や原因は確認しましたが、解決策についてはヒアリングの残り時間が少なかったこともあり、深掘り質問を一切しませんでした。

■ネガティブリスニングを避ける

　相手の話の聞き方についても、清水課長には4点問題がありました。まず小林課長の真正面に座ってヒアリングをしたのはよくありませんでした。

　相手がリラックスして話せるようにするには、相手との距離（対人距離）と角度（対面角度）に気を配って座る位置を決めます。職場の同僚や取引先との会話に適する120〜200cm程度の距離（社会距離）を取り、少し角度のつく位置に座るようにします。真正面の位置に座ると圧迫感を与えてしまい、相手は話をしにくくなります。

　良くなかった点の2つめは、現状の問題の原因を質問して仮説を否定されたときに、相手の回答が間違っているかのような反論（「深夜作業

図3-15　聞き方で相手の話す意欲を保つ、高める

ポジショニング、アクティブリスニング、ネガティブリスニング

座る場所に気を配る「ポジショニング」
相手と120〜200cmの距離を取り（対人距離）、少し角度のつく位置に座る（対面角度）

関心・興味を伝える「アクティブリスニング」
前傾、記録、相づち、同意・共感、驚嘆などにより、相手にこちらの関心・興味を伝える

聞き手

相手の意欲を低下させる「ネガティブリスニング」はNG
うわの空、中断・遮断、自己解釈、批判・否定などを避ける

が多いと聞いている」）をしたことです。相手の意見に対してぶしつけに反対意見を述べる（批判・否定）のは、相手の話す意欲を低下させる聞き方であるネガティブリスニングの代表的な行為の1つです。批判・否定をすると、相手が不信感を持つことがあるので気をつける必要があります。

　相手の意見に疑問を持ったとしても、「自分の理解が間違っているかもしれませんが」「念のために確認させていただきたいのですが」のように、批判・否定していると思われない聞き方をすべきでした。

　3つめは、小林課長が解決策に関する意見を説明している際に腕時計を眺めたことです。興味がなさそうな態度で聞くことは「うわの空」に当たり、これもネガティブリスニングの代表的な行為の1つです。相手を見ない、頬づえをつく、メモを取らない、携帯電話を気にするなどの態度もそれに当たります。ヒアリングの残り時間が気になっても、小林課長が話をしている間は腕時計を眺めるべきではありませんでした。

　ネガティブリスニングには批判・否定やうわの空の他に、相手の話が終わる前に割り込んで発言する「中断・遮断」、間違った思い込みで断定的に発言する「自己解釈」などがあります。

▌アクティブリスニングを効果的に

　最後は、小林課長が現状の問題の影響として「施工部の課長職は全員、毎月 50 〜 60 時間は残業している」と説明した際に、適切なアクティブリスニングをしなかったことです。

　アクティブリスニングとは、相手の意見に関心・興味を持っていることが伝わる姿勢や態度で聞くことです。「前傾」「記録」「相づち」「同意・共感」「驚嘆（きょうたん）」などの方法があり、それにより、相手は積極的に情報や意見を出してくれるようになります。

　清水課長は、現状の問題の影響を聞く際、「うなずきながら」話を聞きました。これは「相づち」に当たります。しかし、内容を考えると、「驚嘆」したほうがより関心や興味を伝えられたでしょう。「それは大変ですね！」「そんなことになっているのですか！」などと発言して、目を見開いたり口元を大きく動かしたりなどの表情を見せると、驚きや関心を分かりやすく伝えられます。

　演習の解答・解説は以上です。いかがでしたでしょうか？　問題を 6 つ以上見つけられた場合は、十分に理解しています。特に、聞き方の問題の 4 つめを見つけられた人は、かなり理解度が高いといえます。5 つ以内の人は、ぜひこの章を復習してください。

Episode

聞くだけで取れた注文

　筆者がまだ若手だった頃、同じ部署に10歳ほど年上のOさんという先輩がいました。Oさんは人を引き付ける話術を持っており、顧客への提案がうまいことで定評のあるコンサルタントでした。筆者はよくOさんに誘われて、顧客への提案活動に同行させてもらいました。

　あるとき、顧客企業のB社から相談を受け、Oさんと一緒に提案に必要な情報を収集する目的で訪問しました。その打ち合わせには、B社の社長とシステム部門長が出席しました。Oさんも筆者もその2人とは初対面でした。

　簡単に挨拶を交わした後、社長は会社の方針や、その実現のために業務改革が必要なことなどを熱心に語り始めました。社長の話は20分以上続きましたが、Oさんは常に落ち着いた表情でメモを取り、時折、眼光鋭く社長を見つめて、ゆっくりとうなずいていました。その間、Oさんは質問をせず、自分の意見を述べることもありませんでした。「いつものOさんなら、もっと質問をしたり、意見を述べたりするのにな…。体調でも悪いのかな」と筆者はいぶかしく思って様子を見ていました。

　提案を作成するために必要な情報は集まりました。筆者は、いよいよOさんが話を整理して、提案の方向性を雄弁に話し出すのではないかと期待していました。そのとき、予想外のことが起こりました。B社の社長がOさんに向かってこう言ったのです。「Oさん。あなたは私がやりたいことを理解してくれましたね。ぜひ当社の改革を一緒に進めてください」。それに対して、Oさんはまったく動じずに、「ぜひお手伝いさせてください」と返しました。

　Oさんは社長の話を聞くだけで、ほとんど何も話をしていません。それなのに社長から信頼を得て、パートナーに選ばれたのです。その光景を目

の当たりにした筆者は強い衝撃を受けました。Oさんのアクティブリスニングには、それだけの迫力があったのだと思います。実際、2週間後に再度B社を訪問して提案をした結果、正式に受注に至りました。

　筆者は、Oさんに「なぜ社長の話をずっと黙って聞いていたのですか」と質問しました。するとOさんは、「そんなに深くは考えていないけど、社長は自分の話をちゃんと聞いてほしいんじゃないかと思ったんだよね」と答えました。

　アクティブリスニングというと、大げさに相づちを打ったり、合いの手を入れたりするイメージがあるかもしれません。しかし、アクティブリスニングの本質は、相手の話をじっくりと聞き、話の内容を深く理解し、それに同意・共感していると態度や姿勢で伝えることです。Oさんはアクティブリスニングだけで、社長の伝えたい内容を理解し、実現したい会社の改革に貢献できると伝え、全幅の信頼を得ました。極めるとこのような効果が期待できる、価値ある「受け取る」スキルです。

第 **4** 章

合意に導くスキル：
合意はコミュニケーションの最高峰

意見の食い違う会議で合意導く
本音を引き出す5つのルール

業務・IT改革の検討では意見の食い違いが頻繁に発生する。関係者を一堂に集めた会議では、双方が納得する形で意見を擦り合わせる。参加者が本音を出しやすくする会場レイアウト、アジェンダ、会議ルールとはどういうものだろうか。

　業務改革やIT改革のプロジェクトで、解決すべき問題・課題やその解決策を検討する際には、関係者の間で意見の食い違いが頻繁に発生します。関係者によって立場や考え方が異なるため、同じ事象についても、それが発生する原因や解決策についての認識が異なるからです。

　そのため、改革推進リーダーには、双方が納得する形で意見を擦り合わせ「合意に導く」スキルが求められます。合意に導くスキルには、背景となる考え方やテクニックがあります。ここでは、関係者を集めた会議の効果的な運営方法を、架空の事例であるスピード工業の工場業務改革プロジェクトを用いて解説します。

問題分析会議の開催前に不安

　医療機器を製造・販売するスピード工業では、製造コストの削減を目的とした「工場業務改革プロジェクト」を進めている。推進事務局は、検討メンバーにアンケートとヒアリングを実施して、現状の問題についての意見を集めた。

　次のステップでは、検討メンバー10人が一堂に会して「問題分析ミーティ

ング」を開催し、プロジェクトで解決を図る問題を決める。推進事務局のリーダーを務めるIT部の岡田課長は、同ミーティングでの注意点について日経ソリューションズのベテランSE、大塚からアドバイスを受けることにした。

会議の種類には「情報伝達会議」「情報共有会議」「問題解決会議」の3つがあります

なるほど、今回は問題解決会議ですね。入念に準備しなければ

大塚　　　　　　　　　　　　　　　岡田

　「来週、検討メンバーを一堂に集めてミーティングを開催します」。岡田はプロジェクトの状況を報告した。
　「そのミーティングでは何をするのでしょうか？」
　「全員で議論して、プロジェクトで解決すべき問題を決めます」
　「それは重要なミーティングですね！　進行役はどなたですか？」
　「私が担当します。それぞれの部署で活躍している思いの強いメンバーばかりなので、意見をまとめられるか心配です」。岡田が恥ずかしそうに不安な顔で答えた。
　「確かにメンバーの間で意見が対立することもありますからね」
　「上手に進行するコツを教えていただけますでしょうか？」。岡田が真剣な

表情で質問した。

「いろいろあります。まずは会議の運営方法からお伝えしますね」

会議の種類は３つ

「合意に導く」とは文字通り、関係者の意見を合わせることです。お互いの意見を理解し、相違点を明らかにし、相違点があった場合には、納得する形で意見を擦り合わせて合意に導きます。多くの場合、関係者を集めた会議（ミーティング）の場で行います。会議には種類とそれぞれに適した運営方法があります。

会議の種類には、大きく分けて「情報伝達会議」「情報共有会議」「問題解決会議」の３つがあります。

情報伝達会議は、多数の参加者に、自分が伝えたい情報や意見を伝える場です。例えば、組織の方針を説明する会議、特定事例の取り組み内容や成果を説明する会議はそれに当たります。

次に情報共有会議は、参加者それぞれが相互に、自分の持つ情報や意見を伝え合う場です。業績や案件の状況を共有する部会や課会、それぞれが考えてきたアイデアを理解し合う会議などが該当します。

そして問題解決会議は、参加者が知恵を出し合って、解決すべき問題・課題や、その解決策を検討するために開催します。例えば、システム化によって解決を図る問題・課題を検討する会議、検討したシステム化内容をレビューする会議などがそれに当たります。スピード工業の問題分析ミーティングは、問題解決会議です。

種類に応じた会場のレイアウトをつくる

効果的な会議運営に適した会場のレイアウトは、会議の種類によって異なります。情報伝達会議では、情報や意見を伝える少数の参加者が、多数の参加者に向き合うように机を並べます。いわゆる学校の教室のよ

うな配置です。話し手となる参加者の表情や態度が、聞き手となる他の参加者に見えやすいので理解が深まります。

　情報共有会議では、中央を囲うように口の字形やコの字形に机を並べます。参加者同士が向き合う形に座ることで、お互いの表情や態度が見えやすくなり、伝え合う情報や意見の理解が深まるからです。オフィスにある会議室の多くは、口の字形かコの字形に机が配置されています。

　一般に10〜15人程度で行われる問題解決会議では、会議室の前面に検討内容や結果を記入・掲示するホワイトボードを配置し、進行役はその前に立ちます。参加者の机は進行役やホワイトボードに向けて逆ハの字形2列で配置します。このようにレイアウトすると、参加者は検討内容や進行役に集中しやすくなります。最初からこのような配置になっている会議室はないので、会議前に机やホワイトボードを動かしてレイア

4

図4-1　会議の種類に合わせて配置を変える
会議の種類と会場のレイアウト

情報伝達会議

**多数の参加者に
情報や意見を伝える**

⇒少数の参加者が
他の参加者に向き合うように
机を配置

（教室型）

情報共有会議

**相互に情報や意見を
伝え合う**

⇒参加者同士が
向き合うように
机を配置

（口の字形 or コの字形）

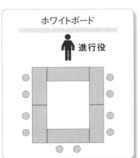

問題解決会議

**知恵を出し合って
問題・課題やその解決策を
検討する**

⇒進行役は会場正面に立ち、
参加者の机は進行役や
ホワイトボードに向け配置

（逆ハの字形）

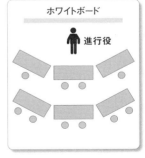

ウトしておきます。

　問題解決会議では、固定の席割にするのが効果的です。職位の低い参加者や年齢の若い参加者、人前で話すのが苦手な参加者を前列に配置し、他の参加者に気がねすることなく本音の意見を出せるようにします。一方、職位の高い参加者や年齢が上の参加者、人前でも遠慮なく発言する参加者には後列に座ってもらいます。ただ、このような席割にすると、後列に座る参加者が気分を害する場合があるので、事前に理由を説明して了承を得ておきます。

　このように席割をしたら、部署名と氏名を記した名札を机上に置いておきます。どこに座ればよいのかを参加者に伝えると共に、進行役が会議を進行しやすくするためです。

▌アジェンダを用意して冒頭で説明

　会議を進行する際には、アジェンダを用意します。アジェンダは、「会議の趣旨」「進め方」「参加者の役割」を記載した進行表です。これは、先に紹介した3種類の会議すべてで用意するとよいでしょう。

　会議の趣旨には、会議の目的を記載します。問題解決会議の場合には、目的に加えて、検討の結果として明確にする成果物も記載します。例えば、目的には「製造コストの削減を実現するために解決を図る問題を決める」を、成果物として「現行業務で発生している問題の構造」「本プロジェクトで解決を図る問題」を明記します。

　進め方には、会議で説明・議論する項目とその順番、手順を記載します。「会議の目的／成果物／進め方の説明」「アンケートやヒアリングで集めた問題の確認」「問題による影響と発生原因の確認」「プロジェクトで解決を図る問題の決定」など、会議で説明したり議論したりする内容を明らかにします。

　参加者の役割には、何について、どういう立場で皆に理解してほしいか、または意見を言ってほしいかを記載します。対等な立場で活発な発

図4-2　会議の位置付けをアジェンダで理解

アジェンダの例

DXプロジェクト問題分析ミーティングのアジェンダ

■ 目的

プロジェクトの目的「製造コストの削減」を実現するために解決を図る問題を決める

■ 成果物

・現行業務で発生している問題の構造
・本プロジェクトで解決を図る問題

■ 進め方

（1）会議の目的／成果物／進め方の説明
（2）アンケートやヒアリングで集めた問題の確認
（3）問題による影響と発生原因の確認
（4）プロジェクトで解決を図る問題の決定

■ 参加者の役割

それぞれの部門代表として、問題、影響、原因について本音の意見を述べる

言を期待する場合「それぞれの部門代表として、現状の問題や影響、原因について本音の意見を述べる」などとします。

アジェンダは会議の冒頭に、資料をプロジェクターに投影したり、あらかじめ書き出した模造紙を掲示したりする方法で説明します。これにより参加者は、何のために何をするかが理解できるので、安心して会議に臨むことができます。

▌5つのミーティングルール

スピード工業における「工場業務改革プロジェクト」の例のように、複数部署から多忙なメンバーを一堂に集める会議は何度も開催できません。少ない機会を生かす必要のある重要性の高い問題解決会議では、参

加者全員が本音の意見を出しやすくするために「ミーティングルール」を設け、会議の冒頭で説明することがあります。筆者がよく使っている5つのルールを紹介します。

最初は、「経営的見地から本音で話す」。参加者は所属する部署の代表なので、どうしても所属部署の利益にとらわれた発言をしがちです。そこで参加者に、経営的な見地に立ち、企業全体の利益を考えて、本音の意見を述べるよう促します。

次に「参加者の立場は対等」です。職位や年齢は様々なので、職位や年齢の低い参加者は気後れしがちです。こうした人たちには遠慮なく発言するよう促します。職位や年齢が上の参加者には、全員が自由に発言することを許容してもらいます。

そして「批判は厳禁、討論は自由」は、参加者の発言意欲を損なわないためのルールです。ある意見に対して、理由を述べずに「以前やって失敗している」「うちの会社にできるわけがない」などと後ろ向きな批判

図4-3　ルールを設けて本音を引き出す
ミーティングルールの例

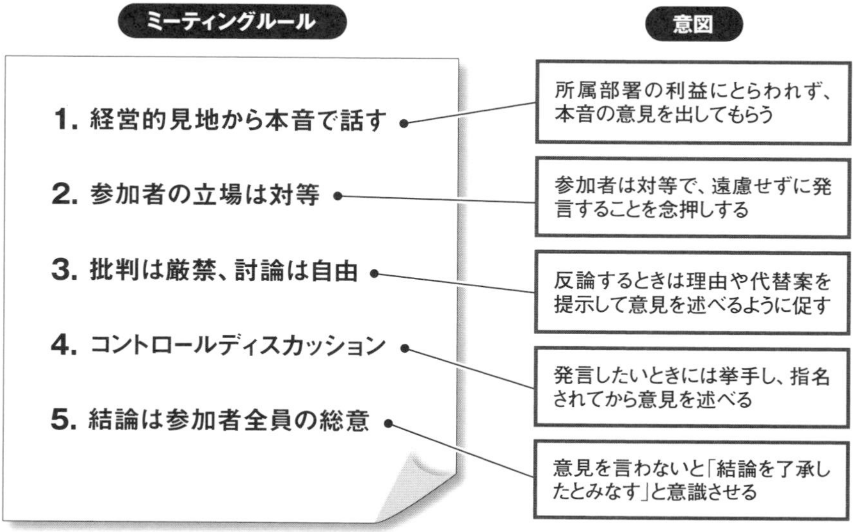

ミーティングルール	意図
1. 経営的見地から本音で話す	所属部署の利益にとらわれず、本音の意見を出してもらう
2. 参加者の立場は対等	参加者は対等で、遠慮せずに発言することを念押しする
3. 批判は厳禁、討論は自由	反論するときは理由や代替案を提示して意見を述べるように促す
4. コントロールディスカッション	発言したいときには挙手し、指名されてから意見を述べる
5. 結論は参加者全員の総意	意見を言わないと「結論を了承したとみなす」と意識させる

が続くと、誰も発言しなくなります。そこで、誰かの意見に反論するときには、理由や根拠を示す、あるいは代替案を述べるよう促します。

▌参加者の発言機会をコントロール

　会議の参加者の中には、声の大きい人や発言を繰り返す人がいます。そうした参加者ばかりが発言すると、活発な議論にはなりません。そこで「コントロールディスカッション」というルールを設けます。それは、「発言したいときには挙手して、進行役が指名してから発言する」というルールです。このルールには、発言の多い参加者を制御するだけでなく、発言の少ない参加者を挙手していなくても指名して、発言機会を与えるメリットがあります。

　最後の「結論は参加者全員の総意」は、会議で発言しなかったら、決まった結論を了承したとみなす、というものです。参加者が後になって「言いたいことが言えなかった」「空気を察して黙っていた」などと周囲に発言すると、会議で決まったはずの結論を蒸し返す事態になりかねません。

　この5つのルールを使って、活発な発言を促します。なお、こうしたルールを進行役が会議の冒頭で説明しても、参加者が所属する組織が承認したものでなければ従ってくれません。そこで、ルールを設けて会議を進行する旨、参加者が所属する組織の上位管理者や直接の上長から承認を得ておきます。ミーティングルールも、プロジェクターや模造紙に掲示する方法で説明します。

会議をしっかりコントロール 議論を上手にさばく7つの実践ワザ

業務・IT改革会議では、問題や解決策などを検討するときに対立が起こりやすい。改革リーダーは会議をしっかりコントロールし、参加者から等しく意見を聞き、活発な議論を通じて結論を導く必要がある。様々なメンバーが参加する会議を上手に進行するための7つの実践ワザを解説する。

　業務改革やIT改革のプロジェクトでは、新しい業務の仕組みやそこで必要な情報システムを構築する前に、解決すべき問題・課題や、課題の解決策を検討します。その際には、関係部署から選ばれたメンバーを一堂に集めて会議を開催するのが一般的です。

　その会議の進行役には、参加者全員から本音の意見を引き出して、参加者同士の意見交換や議論をスムーズに進めることが求められます。ここでは、進行役を任された改革リーダーが、様々な部署や立場のメンバーが参加する会議を上手に進行する方法を解説します。最初は、スピード工業の事例から見ていきましょう。

会議進行にイメージが湧かない

　スピード工業の「工場業務改革プロジェクト」では、次週、設計部、製造部、資材部、品証部から選ばれた10人の検討メンバーを集めて「問題分析ミーティング」を開催する。それは、プロジェクトで解決を図る問題を決定する重要な会議だ。その会議の進行役は、推進事務局のリーダーであるIT部の岡田課長が務める。

現在、岡田は、問題分析ミーティングを進行する上での注意点について、日経ソリューションズの大塚からアドバイスを受けている。岡田は、まず、問題分析ミーティングを運営する際に有効な会場のレイアウト、会議のアジェンダ、ルールについてのアドバイスを受けた。

会議の進行をうまくできるか心配です

心配ありませんよ。会議進行に有効な「7つのワザ」を伝授します

岡田　　　　　　　　　　　　　　　大塚

　「他に問題分析ミーティングで気をつけるべき点はありますか？」と大塚に聞いた。
　「会議での検討を上手に進行することでしょうね。参加者全員から本音の意見を引き出して、参加者同士の意見交換や議論を促してください」
　大塚の回答を聞いた岡田は、自分が会議を進行しているイメージが湧かなかった。
　「具体的にはどのように進行したらいいのでしょうか？」
　「了解しました。会議をコントロールしながら、うまく進行するのを助ける7つのワザをご紹介しましょう」

岡田は、大塚の話を真剣に聞きながらメモを取り始めた。

▌会議進行の7つの実践ワザ

　業務改革やIT改革のプロジェクトでは、前述の通り、様々な部署、立場のメンバーを一堂に集めて会議を開催します。

　これは、前節で紹介した会議の3つの種類（情報伝達会議、情報共有会議、問題解決会議）のうち、問題解決会議に当たります。問題解決会議は、参加者が知恵を出し合って、参加者全員が納得する結論を出す会議です。

　進行役を任された改革リーダーにとって、問題解決会議を上手に進行するのは容易ではありません。参加者の所属部署や職位、年齢などが異なるため、それぞれの意見が分かれるからです。

　会議の進行を誤ると、特定の参加者ばかりが発言して他の参加者が意見を述べる意欲を低下させる、参加意欲をなくしたメンバーが別の仕事を始めたり居眠りをしたりする、参加者同士の意見がかみ合わず折り合いがつかない、など悲惨な状態が発生してしまいます。こうなると全員

図4-4　参加者の本音を引き出し、議論を促す
会議進行の7つの実践ワザ

1. 参加者の視線を進行役・発言者に集める
2. 参加者の発言機会をなるべく均等にする
3. 発言の意味を全員が理解できるようにする
4. 進行役が意見を言い過ぎない
5. 問題を指摘された側の意見も聞く
6. 意見が対立したら意味や理由を確認する
7. 議論が行き詰まったら休憩を入れる

が納得する結論など望むべくもありません。

　参加者全員から本音の意見を引き出し、参加者同士の意見交換や議論を通じて結論を導き出すには、問題解決会議を進行するワザを理解して、使いこなすことが重要です。

　以下、問題解決会議での検討を上手に進行する7つの実践ワザを紹介します。

1．視線を進行役や発言者に集める

　参加者を集中させるためには、全員の視線を進行役や発言者に向けてもらう工夫をします。まず、進行役は会場の正面に立って進行するようにします。そうすると、参加者の視線を進行役に集められます。

　一方、参加者が発言する際には、進行役はその席のほうに移動し、顔を向けて意見を聞くようにします。移動すると、他の参加者の視線が自然に発言者へと向くようになるからです。

図4-5　発言者のほうへ移動すると効果的
進行役や発言者に視線を集める動き

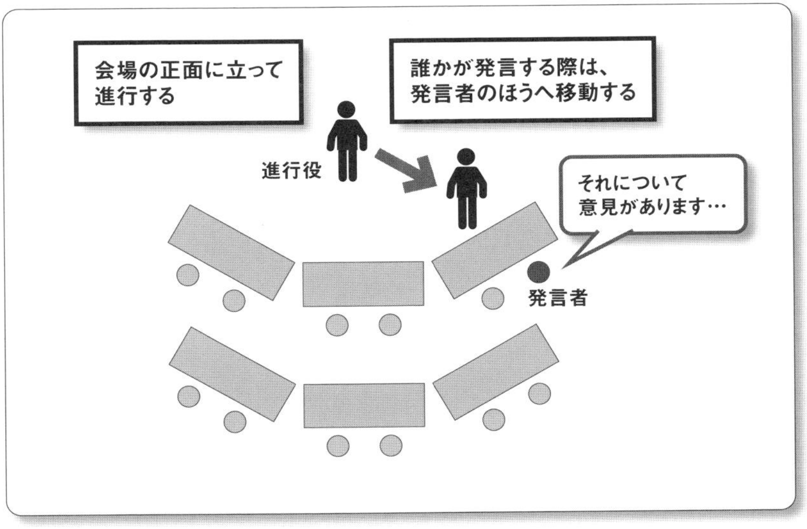

会場の正面に立って
進行する

誰かが発言する際は、
発言者のほうへ移動する

進行役

それについて
意見があります…

発言者

参加者が座っている中で進行役が1人立つのは気が引けるかもしれません。しかし、正面に立ち、発言者のほうに移動して進行するのは非常に効果的です。ぜひ試してみてください。

2.　発言機会をなるべく均等にする

　解決すべき問題・課題やそれらの解決策を検討、決定する際には、部門代表として選ばれた参加者全員の意見を取り入れることが重要です。

　しかし、うまくいかないときがあります。積極的に発言する人とそうでない人がいるからです。そのため、自由な発言を参加者に許容すると、活発な参加者に発言機会が偏ってしまいます。進行役は、参加者の発言機会が均等になるようコントロールしなくてはなりません。

　参加者の発言を均等化するには、発言したい参加者が挙手し、進行役が指名してから発言してもらうのが効果的です。挙手してくれた参加者には当然、指名して発言してもらいます。一方で、発言の少ない参加者については、挙手していなくても、こちらから指名して発言の機会をつくるようにします。

3.　発言を全員が理解できるようにする

　会議での発言には、曖昧な表現や専門用語が使われたり、論理的に矛盾・飛躍する内容が含まれていたりします。そういう分かりにくい発言を放置すると、一部の参加者は発言の内容を誤解して解釈してしまい、他の参加者との間で意見が食い違う原因になります。また別の参加者は、次第に議論している内容についていけなくなり、集中力を低下させてしまうかもしれません。

　そこで進行役は、参加者の発言で分かりにくい点があれば「分かりやすい言葉で言い換える」「ホワイトボードに図式化する」といった方法で発言者に意味を確認し、全員が発言内容を理解できるようにします。どの業務に対する意見か分からない場合には業務機能関連図や業務フロー図を、他の意見との関係が分からない場合にはロジックツリー（因果関

係図）を用いると効果的です。

4. 進行役が意見を言い過ぎない

　結論に対する納得感を高めるには、参加者同士の意見交換や議論を通じて結論を導き出すことが重要です。そのため、進行役は会議の場で自分の意見を言い過ぎないように注意しましょう。

　進行役が意見を言い過ぎると、「ITエンジニアが提案した」「意見を押し付けられた」という印象になり、後に追加や修正が発生する原因になるからです。

　進行役は、参加者から意見を求められたときや、意見が出ずに議論が停滞したときに、参加者の1人として発言します。その際にも「正解を知っている先生」と思われないように注意して発言します。

　発言者の意見に共感したり矛盾を感じたりしても、「いいですね」「それは違うと思います」といった発言は控えましょう。そういう場合には、他の参加者の表情や態度を見て、同じように感じている参加者を想定して指名し、その参加者から発言してもらうようにします。

5. 問題を指摘された側の意見も聞く

　現状の問題についての意見を確認する際、出される意見は「自責」と「他責」の2つに分けられます。

　自責は、自分が所属する部署の問題を指摘する意見、他責は他の部署の問題を指摘する意見です。自責の意見が事実であることが多いのに対して、他責の意見については、指摘された側が発言者とは異なる見解を持っている場合があります。

　そこで、進行役は、参加者が意見を出したら、それが自責か他責かをまず判断します。他責の意見が出たときは、問題を指摘された部署に所属する参加者にも「あちらの意見についてどう思いますか」と、必ず聞くようにします。

　問題を指摘された部署のメンバーが参加していない場合には、他責と

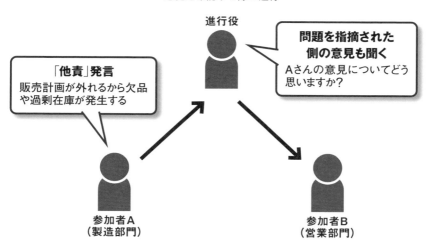

図4-6 「他責」対象部署の意見を必ず聞く
意見を確認する際の進行

して出された意見を決定事項にはせず、別の場を設け、指摘された側の
意見も確認するようにします。

6. 対立時には意味や理由を確認する

　所属する部署や立場の異なるメンバーが参加する会議では、意見がし
ばしば対立します。

　例えば、製造部門のメンバーが「月別の販売計画が外れるから生産量
と需要量と合わなくなり、欠品や過剰在庫が発生する」と発言し、営業
部門のメンバーが「販売計画はそれほど外れていない」と反論するよう
な場面です。

　このような意見の対立が生じても、進行役は焦ってはいけません。冷
静になって、双方の意見の具体的な意味と、それぞれの意見の理由を確
認します。そうすると実際には、双方の意見は食い違っていなかったり、
片方が誤解していたりするものです。話し合い、根底にある食い違いの
原因を探れば、意見を擦り合わせられる場合も多いでしょう。

参加者の間で意見が対立した際の具体的な対応方法については、後ほど詳しく解説します。

7. 議論が行き詰まったら休憩を入れる

　議論が長時間続いたり、行き詰まって意見が出なくなったりすると、参加者も進行役も、集中力が下がります。そうなると活発な議論は望めません。そういうときには休憩を入れましょう。

　休憩を入れると参加者は気分転換できるだけではなく、他の参加者と意見を交換できるようになります。進行役も、議論を活性化するための作戦を考える時間ができます。会議中に疑問や異論のある表情をしていた参加者と個別に会話をして、感想や意見を聞き出せます。10分程度休憩を取るだけで、行き詰まっていた議論が活性化するのはよくあることです。

　真面目な進行役は、結論が出たタイミングで休憩を取る傾向がありますが、その必要はありません。議論が行き詰まったときに休憩を取るようにしましょう。

　様々なメンバーを集めた会議を効果的に進行するための7つの実践ワザは以上です。どれも有効なものなので、ぜひ習得して現場で取り入れてください。

4

問題・課題を巡りメンバーが対立
意見を擦り合わせる5つの対処法

改革プロジェクトでは、意見の対立がしばしば起こる。問題や課題を巡る意見の対立は、双方の意見が意味する内容、主語、期待する状態などの違いから発生する。意見の食い違いはどこから生じるのかをパターン化し、5つの対処法を提示する。

　解決すべき問題・課題や、課題の解決策を検討する改革プロジェクトでは、検討の過程で、意見の食い違いが頻繁に発生します。参加するメンバーの所属する部署や役割がそれぞれ異なるからです。会議の進行役を務める改革リーダーは、双方の意見の相違点を明らかにして、意見を擦り合わせる必要があります。しかし、それは容易ではありません。

　そこで、本節と次節では、様々なメンバーが参加する会議で意見の食い違いが発生した際に、双方が納得する形で意見を擦り合わせる方法を解説します。

検討メンバーの意見対立には対処法がある

　スピード工業の「工場業務改革プロジェクト」では、設計部、製造部、資材部、品証部から選ばれた10人の検討メンバーを集めて、次週、「問題分析ミーティング」を開催する。プロジェクトで解決を図る問題を決定する重要な会議だ。推進事務局のリーダーを務めるIT部の岡田課長が進行役を務める。

　岡田は現在、問題分析ミーティングでの注意点について、日経ソリューションズの大塚からアドバイスを受けている。

会議で意見の食い違いが発生した場合は、対立・抵抗の構図を理解するようにしましょう

なるほど、意見の違いにはパターンがあるのですね

大塚

岡田

「こういう会議では、参加者の間で意見が対立しますよね？」

岡田はおずおずと質問した。

「意見の対立、しかも平行線はよくあることです。参加者によって立場が違いますからね」

大塚が残念そうに答えた。

「そうですか…。そうなったとき上手に進行する自信がありません」

岡田が落胆した表情で言った。

「大丈夫です。意見の対立は多くの場合、解消できますから。冷静に対処するのが重要ですよ」

大塚が慰めるような口調で言った。

「意見が対立したときの対処方法を教えていただけますか」

「了解しました。説明しましょう」

▌「対立」も「抵抗」も現象

　意見の食い違いは、2つの形で表面化します。1つは「対立」、もう1つは「抵抗」です。

　ある参加者と別の参加者が、同じ業務や実体について異なる意見を持っているのが「対立」です。例えば、ある参加者が「顧客への見積もりの回答が遅い」と発言したのに対し、別の参加者が「顧客と約束した期日までに見積もりを回答している」と発言する現象です。

　一方、ある参加者の意見に対して、別の参加者が同意せずに反発するのが「抵抗」です。ある参加者が「営業部門内で顧客や商談に関する情報を共有すべきだ」と発言したとき、別の参加者が「その必要はない」「できるはずがない」などと発言する現象です。

図4-7　抵抗者には相手に「同意しない」意見がある
意見の食い違いは2つの形で表面化

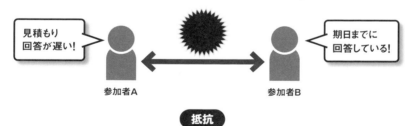

抵抗する参加者は、「発言者の意見に同意しない」という意見を持っていると捉えることができます。つまり「営業部門内で顧客や商談に関する情報を共有すべきではない」という意見です。

　そう考えると、「抵抗」は「対立」の1つとみることができます。そのため本章では、抵抗も含めて「対立」という表現で説明します。

▌双方の意見を必ず確認

　様々なメンバーの集まる会議だと意見は対立するものです。業務やITの改革プロジェクトでは、参加者全員が納得する形で結論を出すのが重要です。そうしないと、後になってから結論への不満や反対が噴出して、スムーズに準備したり実行したりできなくなるからです。

　改革リーダーは、誰かの意見をすぐに結論にしてはいけません。立場の異なる参加者だからこそ、発言者と同じ意見を持っているとは限らないと認識すべきです。対立している双方の意見を必ず確認しましょう。意見が食い違う場合には、双方の意見を擦り合わせます。

　慣れていない進行役は動揺して、思考が停止したり発言できなくなったりするかもしれません。多くの場合、意見の対立は解消できます。落ち着いて冷静に対処しましょう。

▌検討内容によって異なる解決策

　様々なメンバーがいる場合、参加者の意見を基に検討・決定する内容は大きく4つあります。

　1つは現状の好ましくない状況（問題）、2つめは達成したい状態（課題）、3つめは問題や課題を解決する業務の仕組みやシステム化内容（解決策）、そしてプロジェクトの検討手順や体制、スケジュール（進め方）です。

　問題や課題に関する意見の対立は、好ましくない状況や達成したい状

図4-8 「問題・課題」には対立する双方に意見がある
会議での検討内容と意見が対立する状況

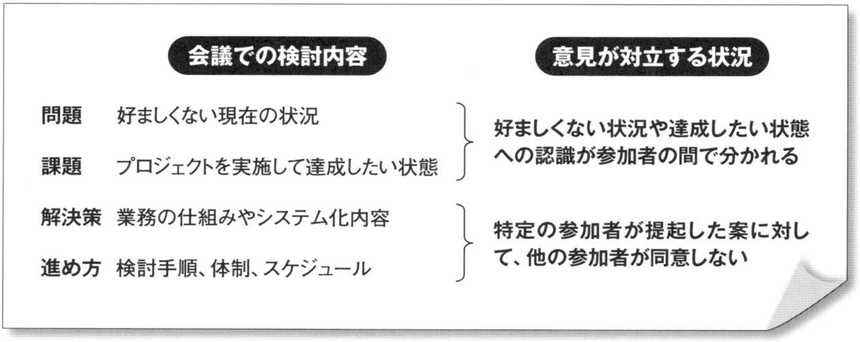

会議での検討内容		意見が対立する状況
問題	好ましくない現在の状況	好ましくない状況や達成したい状態への認識が参加者の間で分かれる
課題	プロジェクトを実施して達成したい状態	
解決策	業務の仕組みやシステム化内容	特定の参加者が提起した案に対して、他の参加者が同意しない
進め方	検討手順、体制、スケジュール	

態についての認識が、参加者の間で分かれるという現象です。その場合、認識の合わない双方にそれぞれ意見があるのが一般的です。

　一方で、解決策や進め方での意見の対立は、推進事務局を含む特定の参加者が提起した案に対して、他の参加者が異を唱える現象です。相手の案に同意しない参加者が別の案を持っているとは限りません。

　このように「問題・課題」と「解決策・進め方」では意見が対立する状況が異なります。そこで、この2つを分けて考えることが重要です。最初に、問題・課題を解消する方法を見ていきます。

問題・課題での意見の対立

　製造部門の代表者が「販売計画が外れるから欠品や過剰在庫が発生する」と発言し、営業部門の代表者が「販売計画が外れることは少ない」と反論する――。このような意見の食い違いが、問題・課題における意見対立の状況といえます。

　この状況での意見対立のパターンは主に5つあります。それぞれのパターンと解消方法を理解しておくと、意見が対立しても対処しやすくなります。

図4-9　意見が対立するパターンを理解して対処する
問題・課題で意見が対立する5つのパターン

> **1.** 用語の意味の理解に相違がある
>
> **2.** 問題・課題の主語に相違がある
>
> **3.** 期待する状態に相違がある
>
> **4.** 極端な事象を一般化して語る
>
> **5.** 表現や伝え方により誤解を生む

1.　用語の意味の理解に相違がある

　会議の参加者が、同じ用語を異なる意味で使うと、問題や課題についての意見が対立しやすくなります。そのため、双方が使っている用語の意味を確認し、それが異なる場合には意味の違いを明らかにして、問題や課題を再定義します。

　先の例で、「販売計画が外れる」という意見と「外れることは少ない」という意見は、食い違っているように聞こえます。そこで、製造部門の代表者が使っている「販売計画」の意味を確認すると「月単位の週別／商品別の販売見込み数量」だと分かりました。製造部門ではそれをインプットして生産計画を作成しています。大事な指標なのです。

　一方、営業部門の代表者が使っている「販売計画」の意味を確認すると「月単位の販売見込み金額」を指していました。営業部門が作成するリポートは、月別の販売金額に関しては幹部や財務部門がフォローしますが、販売数量はフォローしていません。営業部門は「月単位の週別／商品別の販売見込み数量」はあくまで参考として記載していたのです。

　販売計画という用語の意味の理解が異なることが明らかになりました。そこで双方が納得するように、「月単位の週別／商品別の販売見込み数量を、責任を持って計画する機能がない」というように、販売計画

という用語を使わずに問題を再定義します。

2. 問題・課題の主語に相違がある

　参加者によって指摘する問題・課題の主語が違うのも好ましくありません。問題・課題の主語が同じかどうかを確認し、違っている場合には、主語を明らかにして問題や課題を再定義します。

　例えば、ある営業部署の参加者が「他の営業員から顧客を引き継ぐ際、後任者に顧客情報や商談履歴が十分に伝えられない」と発言しました。それに対して、他の営業部署に所属する参加者は「十分に情報が伝えられている」と発言しました。双方の意見は食い違っています。

　両者の意見を具体的に確認すると、引き継ぎに関して、前者は「会社に規定がないから必要な情報を十分に伝えられない場合がある」、後者は「所属部署で独自にルールを定めているから必要な情報は伝えられて

図4-10　用語の意味を明らかにして問題を再定義する
対立する意見を擦り合わせるプロセス

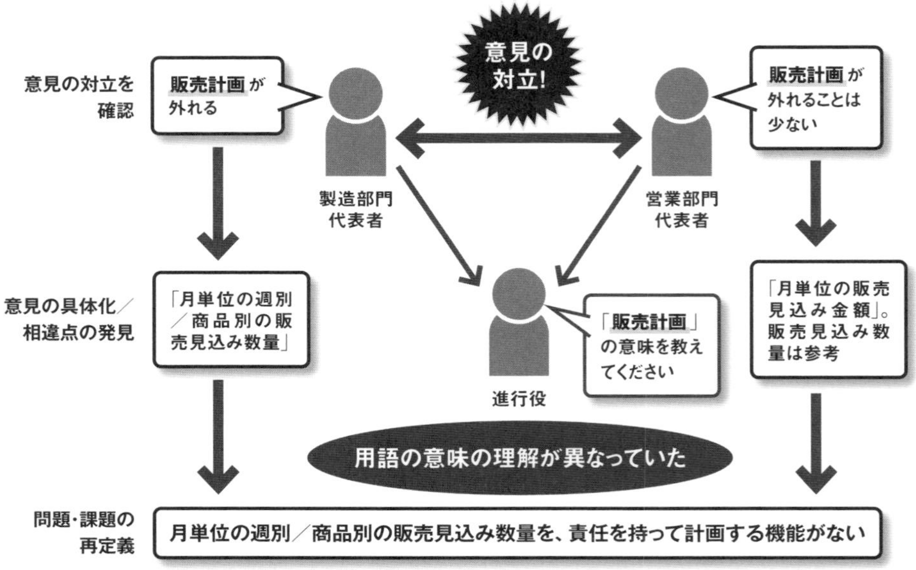

いる」を意味していたと分かりました。つまり、前者の主語は会社、後者の主語は所属部署だったのです。

そこで、双方が納得するように「会社として顧客を引き継ぐ際の規定がなく、部署によってやり方が異なるため、必要な情報が後任者に十分伝えられない場合がある」と、主語を明らかにして問題を再定義します。

3. 期待する状態に相違がある

ある事象に期待する状態が参加者によって違うことも、意見の対立を招きやすくします。何に期待しているのか、はっきり話す人はあまりいません。双方の期待する状態を確認し、その認識を合わせてから問題を再定義します。

例えば、設計部の参加者が「若手向けの教育が不足している」と発言し、別の設計部の参加者が「教育にはそれほど問題はない」と発言したとします。双方の意見を具体的に確認すると、前者の発言は「若手社員が1人で設計書や見積書を作成できるようにするための研修やOJT（職場内訓練）が足りない」という意味でした。

一方、後者は「社会人としての基本動作や設計業務の基礎知識を習得するための研修は充実している」という意味だったのです。教育に期待している内容が、双方で全く違っていたのです。

そこでまず改革推進リーダーは、近年、熟練した設計者が減少し続けており、若手を早期に戦力化する必要があることを共通認識として持たせました。その上で、「若手の設計者が短期間で設計書や見積書を作成できるようにするための研修やOJTが不足している」と、期待する状態を明らかにして問題を再定義します。

4. 極端な事象を一般化して語る

年に1度あるかないかのような極端な事象を、よく起きている問題のように参加者が発言する場合に、意見が対立しがちです。業務改革やIT改革のプロジェクトでは、「継続的に発生する重要な問題」の解決を

目指します。発言者が指摘した問題の発生頻度や影響の大きさを確認し、極端な事象であれば、「一般的に発生する問題」に言い直して再定義します。

例えば、ある参加者が「顧客の納期変更依頼に対応できず、契約を打ち切られることがある」と発言しました。それに対し他の参加者が「対応できなくても、契約を打ち切られることはない」と逆の発言をしました。そこで、最初の発言者に契約解除の発生頻度を確認したところ「3年前に1度だけ、気分を害した顧客が契約中の注文をキャンセルした」という内容だったのです。

極端な事象だと分かったため、この問題を「納期変更依頼に対応できず、顧客からの信頼を低下させる」と、一般化して再定義します。

5. 表現や伝え方が誤解を生む

曖昧表現や専門語を使ったり、断定的な表現をしたりすると、趣旨が正しく伝わらず、他の参加者から同意が得られないことがあります。表現や伝え方が適正でなかったために誤解を与えていないかを確認し、見つかった場合には訂正して、問題や課題を再定義します。

ある参加者が「設備の状態をITで把握して、故障の発生を予測する」と発言しました。すると他の参加者が「ITが設備の状態を把握することはできない」と意見を述べました。「設備の状態をITで把握する」という表現が分からなかったのです。

発言者に具体的に確認したところ、「設備にセンサーを取り付けて温度や電流、振動を測定して統計を取れば、故障の発生を予測できる」という意味だと分かり、他の参加者は理解できました。そこで、「設備にセンサーを取り付けて温度や電流、振動を測定し、故障の発生を事前に予測する」という誤解の起こらない表現で問題を再定義します。

ここまで説明してきたように、意見が対立しても、「用語の意味の理解」「問題・課題の主語」「期待する状態」「問題の発生頻度や影響度合い」など、意見の内容を具体的に確認し、相違点を明らかにすれば、双方が納得す

る形で問題や課題を再定義できるものです。意見が対立したら、5つの
パターンを思い出して冷静に対処してください。

解決策や進め方に反発される抵抗の5つの類型と対処法

課題の解決策や進め方の検討では、会議の参加者の抵抗や反発を受けがちだ。抵抗や反発が生じる5つのパターンと、それぞれの対処法を提示する。それらを踏まえて、参加者全員が合意する結論を導くポイントを解説しよう。

　様々なメンバーが参加する会議で、参加者が意見を出し合って検討・決定する主な内容には、（1）現状の好ましくない状況（2）プロジェクト実施により達成したい状態（3）問題や課題を解決する業務の仕組みやシステム化内容（解決策）（4）プロジェクトの検討手順や体制、スケジュール（進め方）などがあります。

　ここでは、（3）（4）の「解決策・進め方」について意見が対立した際の効果的な解消方法を解説します。（1）（2）の「問題・課題」については前節をご覧ください。

抵抗や反発が起きそうな予感

　スピード工業の「工場業務改革プロジェクト」は、次週、プロジェクトで解決を図る問題をどう設定するかについて検討する「問題分析ミーティング」を開催する。関係部署から選ばれた検討メンバー10人が集まる予定だ。会議の進行役を務めるIT部の岡田課長はアドバイザーの大塚から既に、問題や課題について参加者の意見が対立したときに、双方の意見を擦り合わせる5つの対処法を学んでいた。

会議で参加者同士の対立が表面化した場合にどう対処すればいいのですか

対立の5つのパターンを踏まえて、案を修正すれば大丈夫ですよ

岡田　　　　　　　　　　　　大塚

　「用語の意味や主語、互いに期待する状態などの認識に相違があると対立するのですね。極端な事象を一般化して語ったり、表現や伝え方が適切でなかったりすると対立につながるという指摘も参考になりました。留意して実践してみます」。岡田が力強く言った。

　「意見が対立しても、冷静に対処すれば大丈夫」。大塚がにっこりした。

　だが岡田にはまだ疑問があった。「大塚さんは、課題の解決策や進め方についても意見が対立するとおっしゃっていましたね。その場合の解消方法も教えていただけますか？　来週、何かが起きる予感がします」

　大塚はうなずいた。

　「抵抗や反発のことですね。5つのパターンを知り、うまくコミュニケーションすれば解消できます」

▍解決策・進め方での意見の対立

　解決策や進め方での意見の対立とは、誰かの案に他の参加者が同意しない現象です。そのため、「抵抗」や「反発」という形で表面化するのが一般的です。

　例を挙げましょう。利益拡大を目的としたプロジェクトで、「月単位の週別／商品別の販売数量を精度高く予測して、それに基づいて生産計画を立案し、生産量と需要量を近づけて、欠品や余剰在庫を減らす」という課題が設定されたとします。

　その課題に対して、推進事務局が中心になり「製造部門内に責任部署を新設し、過去の実績や傾向を分析して販売数量を予測する。新商品は類似商品の販売実績・傾向を基に予測する」という解決策を検討しました。その案を関係部門の代表者が集まった会議でレビューしたところ、営業部門の代表者が「その案では効果が出ない」と激しく反発——。このような現象が解決策・進め方での意見の対立です。

　解決策や進め方で意見が対立するパターンは主に5つあります。そのパターンと解消方法を理解しておくと対処しやすくなります。

表4-11　同意を阻む原因を取り除く
解決策・進め方に関して対立する5つのパターンと解消方法

同意に至らない理由	解消方法
1. 案を実行してもメリットがない（少ない）	メリットがない（少ない）と考える原因を取り除き修正・追加
2. 案を実行するとデメリットが生じる	デメリットが生じると考える原因を取り除き修正・追加
3. 案の準備や実行に実現性がない（低い）	実現性がない（低い）と考える原因を取り除き修正・追加
4. 案の内容に具体性が足りない	具体性の足りない点を確認し、案の内容を補足
5. 案の内容が正しく伝えられず誤解を生む	適切でない表現を確認し、分かりやすく訂正

1. メリットがない（少ない）

　誰かが提起した解決策や進め方の案が、他のメンバーから見てメリットがない、または少ないと思われると意見の対立が生じます。改革リーダーは、なぜそのメンバーが、メリットがない（少ない）と考えるのかを確認し、それを取り除くように案を修正・追加して対立を解消します。

　先の例で、推進事務局の提案した「過去の実績や傾向を分析して販売数量を予測する」という解決策は、営業部門の代表者から「効果が出ない」と反発を受けました。その原因を確認すると「過去の販売実績には突発的な大口案件の受注実績や、特売を実施した際の受注実績も含まれている。それらの特異値を含めた実績を分析しても精度の高い販売見込みは予測できない」と分かりました。

　そこで、大口案件や特売などの特異値を含めないことにしました。「特異値を除いた過去の販売実績と傾向を分析して販売数量を予測し、1カ月先までに見込まれる大口・特売などの受注を加えて販売見込み数量とする」という案に修正したところ、営業部門の代表者から同意を得られました。

2. デメリットが生じる

　提案した解決策や進め方を実行してデメリットが生じると思われると、同意を得られなくなります。そのときは、案に同意しないメンバーに、生じると思うデメリットの内容と原因を確認し、それを取り除くように案を修正・追加して対立を解消します。

　例えば、営業力強化を目的としたプロジェクトで、ある参加者が「顧客企業、関係者、商談に関する情報を営業部門内で共有する」という解決策を提起しました。それに対して、他のメンバーが「その案ではデメリットが生じる」と抵抗しました。そのメンバーに確認すると、「営業部門には様々なメンバーが在籍している。全員に情報を共有すると、顧客情報が漏洩するリスクが高まる」という懸念を持っていました。

　そこで改革リーダーは「顧客の詳細情報は所属部署内だけで共有し、

他の部署には顧客名と案件名だけを共有する。もし詳しい情報が知りたい場合には、担当部署に問い合わせて確認する」という解決策に修正しました。修正案は、メンバー全員が受け入れました。

3. 実現性がない（低い）

　案の準備や実行に実現性がない、または低いと思われると、他のメンバーから同意を得られません。そのときは、同意しないメンバーに対し、案の準備や実行に実現性がない（低い）と考える原因を確認し、それを取り除くように案を修正・追加します。

　例えば、工場の生産性向上を目的としたプロジェクトで、ある参加者が「設備や装置にセンサーを取り付けて温度や電流、振動を自動で測定し、故障の発生を事前に予測する」という解決策を提示しました。それ

図4-12　効果が出ない原因を確認して修正する
抵抗や反発を減らして意見を擦り合わせるプロセス

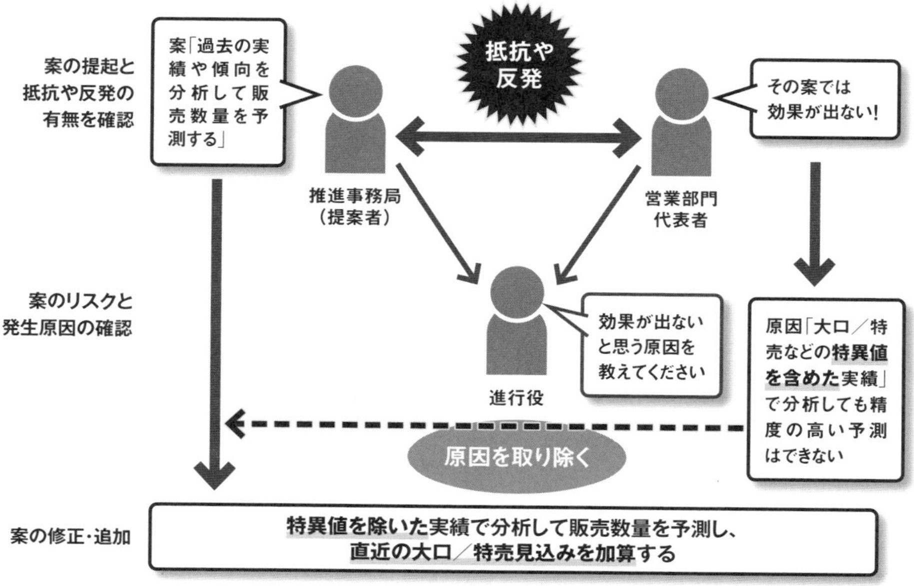

に対して、他の参加者が「その案は実現性が低い」と反発しました。なぜかを確認すると、「工場では様々な大きさや形状をした多くの設備や装置を使用している。全部にセンサーを取り付けるのは現実的ではない」という意見でした。

その意見を踏まえて「センサーが取り付けられる設備や装置では、温度や電流、振動を自動測定する。取り付けられない設備や装置では、メーターの数値をスマホで読み取って自動で登録して手間を削減する」という解決策に修正しました。その案をレビューしたところ、メンバー全員が受け入れました。

前述した「メリットがない（少ない）」「デメリットが生じる」「実現性がない（低い）」の3つは、提案した解決策や進め方にリスクがあるために同意が得られないパターンです。対立を解消するには、リスクとそれが生じる原因を具体的に確認し、案を見直すのが有効です。その際、新たな案をつくらなければいけないことはまれで、多くの場合は当初の案への修正・追加で理解が得られます。

以下の2つのパターンは相手がそもそも理解できない場合に起こる可能性があります。

4. 具体性が足りない

案に具体性が足りないと思われると、他のメンバーの同意を得られません。具体性が足りないとは、解決策については、具体的に業務をどう変えたいのか、システムがどんな役割を果たすのかが分からないことを指します。進め方では、何をいつ、誰がどう実行するのかが分からないといった現象です。

そのときには、案の足りない点を具体化します。問題・課題を解決する業務の仕組みをメンバーが提案した場合には「業務プロセス」「制度・ルール」「組織・体制」「職場環境（オフィス、設備、機器など）」といった観点で具体性の足りない点を確認し、案を補足します。システム化内容を提案した場合には「提供する情報」「実行する機能」「業務的な役割」

などの観点で補足します。

　進め方を提案した場合には「作業項目」「作業の実行順序」「作業を実施する体制」「実行スケジュール」などの観点から同様に補足します。

　ただし、案を具体化しても、その案にメリットがない、デメリットが生じる、実現性がないと判断されると、新たな抵抗を生む可能性があると覚えておいてください。

5. 正しく伝えられない

　曖昧な言葉や専門用語を使って説明すると案の内容が正しく伝わらず、他の参加者から同意を得られないことがあります。表現が適切でなかったために誤解を与えているかどうかを確認し、それが見つかった場合には、分かりやすい表現にして伝え直すようにします。

　「AI（人工知能）を活用して月単位の週別／商品別の販売数量を予測する」「IoT（インターネット・オブ・シングズ）を導入して設備や装置の故障を事前に予測する」などと説明しても、内容が正しく伝わりません。「AI」や「IoT」という専門用語が何を指すのか、何をするのかを他の参加者が分かるような表現に直す必要があります。例えば「過去の実績や傾向を分析して販売数量を予測する」「設備や装置にセンサーを取り付けて温度や電流、振動を自動で測定し、故障の発生を事前に予測する」といった具合です。

　分かりやすい表現にして伝え直す際も、その案にメリットがない、デメリットが生じる、実現性がないと判断されると、新たな抵抗を生む可能性があります。

▌合意を導き出す３つのポイント

　参加者全員が合意する結論を導き出すためには、一人ひとりに「プロジェクトを成功させたい」と思ってもらうこと、すなわち、当事者意識を持ってもらうことが極めて重要です。

図4-13　全員が合意する結論を導く

参加者に当事者意識を持たせる3つのポイント

1. **参加者自身に時間をかけて真剣に解決策を考えてもらう**

2. **参加者の考えた意見を十分に聞き、理解する**

3. **意見が対立した際、双方が納得する形で擦り合わせる**

そのためのポイントは3つあります。1つめは、参加者自身にプロジェクトで解決すべき問題・課題や解決策を考えてもらうことです。改革リーダーにはまず熱意を持って、解決策を見いだそうとする姿勢が必要です。それをメンバーが信頼するようになると、改革への取り組みが自分ごとになっていくでしょう。時間をかけて真剣に考えることが当事者意識を持ってもらうための出発点になります。

2つめは、参加者が考えた意見を十分に聞き、理解することです。進行役である改革リーダーが十分に理解し、他の参加者に伝える。それが分かると、意見を考えた参加者の当事者意識は高まります。

3つめは、参加者の間で意見が対立したときに、双方が納得する形で擦り合わせることです。様々な参加者の集まる会議では、意見の食い違いが必ず生じます。そのままだと合意に至りません。前節と本節で解説したように、意見の相違点を明らかにして、双方が納得する形の意見を調整すれば真の合意が形成されます。

以上の3つのポイントを意識して、参加者全員が合意する結論を導いてください。

演習

食い違う意見を擦り合わせる
意見対立の例でスキルを検証

伝えるスキル、受け取るスキルを総動員しても、大人数を前にして全員を「合意に導く」のは容易ではない。だがなぜ意見が対立するのか、原因や内容をよく理解し、どうすれば解決できるのか擦り合わせると、双方が納得する形での合意は可能だ。会議における意見対立を例にした演習で、合意に導くスキルを自分ごととして理解してほしい。

　業務改革やIT改革のプロジェクトでは、様々な関係者とのコミュニケーションが鍵になります。進行役を務める改革リーダーには、「伝える」スキル、「受け取る」スキル、「合意に導く」スキルの3つのスキルが重要だと説明してきました。

　本章では、関係者の間で意見が食い違うときに、双方が納得する形で意見を擦り合わせて「合意に導く」スキルを解説しました。このスキルの理解を深めるために、架空の事例を用いて演習を出題します。ぜひ取り組んでみてください。

問題・課題についての意見対立

　日経ソリューションズは、顧客企業の基幹システムやDX（デジタル変革）を実現するためのシステムの構築をサポートとするITベンダーだ。2カ月前に、さらなる受注拡大を目的として、営業部門の代表者5人とSE部門の代表者5人の計10人を検討メンバーに選んで「受注力強化プロジェクト」を発足した。

　同社では、営業部門が中心になって顧客企業のキーパーソンと関係を構築し、案件の相談や引き合いを受ける。相談・引き合いを獲得した後は、案件に見合ったSEを選定して、共同で受注獲得に向けた提案や見積もりを実施する。そこで必要になる提案書や見積書の素案は、SEが中心になって作成している。

　現在、10人の検討メンバー全員が参加する「問題分析ミーティング」で、プロジェクトを通じて現状の問題の解決を図るべく議論している。会議の進行役は、顧客企業の業務改革やDXのプロジェクトで多くのサポート実績を持つ、ベテランSEの大塚が務めている。

　会議では、顧客への提案が不調であることに関してもめているようだ。SE部門の1人が強い口調で発言した。

　「訴求力の高い提案ができないのは、営業が顧客のニーズをちゃんと聞いてこないからだ」。SE部門から選ばれた他の参加者も黙ってうなずいている。

　「営業は顧客からニーズを聞いている。SEが訴求力の高い提案内容をつくれないことが問題だ」。営業部門の1人が激しく反論した。営業部門から選ばれた他の参加者も同じ意見を口にした。

　「そんなことはない！　SEは顧客ニーズを解決するシステム化内容を検討している」。今度はSE部門の1人が声を荒らげて抵抗

した。

　参加者の間で起こった意見の対立を黙って聞いていた進行役の大塚が、落ち着いた表情で口を挟んだ。「それでは、それぞれの意見を詳しく聞かせてもらいましょう」。参加者全員が、会場正面に立つ大塚を見つめた。

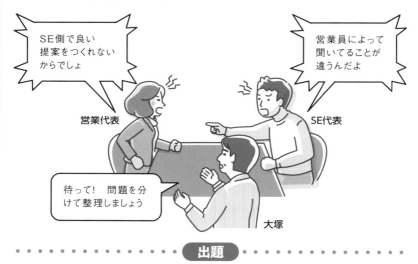

SE側で良い提案をつくれないからでしょ

営業員によって聞いてることが違うんだよ

営業代表

SE代表

待って！　問題を分けて整理しましょう

大塚

出題

　日経ソリューションズでは受注力強化プロジェクトの「問題分析ミーティング」を開催中、参加者の間で意見の対立が発生しました。その対立を解消します。進行役を務める大塚が、SE部門、営業部門それぞれの代表者にどのように情報を聞き出したか考えてください。

問題ごとに相違点を明確化

　SE部門の代表者は「営業が顧客のニーズを聞いてこないことが問題」と主張し、指摘を受けた営業部門の代表者はそれを否定しました。さらに、「SEが訴求力の高い提案内容をつくれないことが問題」と別の問題

を指摘し、SE 部門の代表者はそれを否定しています。

　ある部署の関係者が別部署の問題を指摘し、指摘された部署の関係者はそれを否定。逆に、指摘した側の問題を指摘し、相手側は再び否定する。このようなやり取りは、実際の会議によくあります。進行役はどのように対処すべきでしょうか。

　このような場合には、2つの問題を分けて議論することが重要です。進行役の大塚は、SE 側の「営業が顧客のニーズを聞いてこない」という意見と、営業側の「SE が訴求力の高い提案内容をつくれない」という意見とを分けて議論すると参加者に宣言しました。そして、最初に前者の意見の内容を確認し、SE、営業双方の意見の相違点を明らかにします。

　SE 側の意見は、「営業員それぞれに顧客から聞いてくることが違う。ある営業員は、顧客のシステム化の要望と費用、期間などの制約条件を

図4-14　問題を分けて意見の相違点を明らかにする
現状問題についての意見対立を解消するプロセス

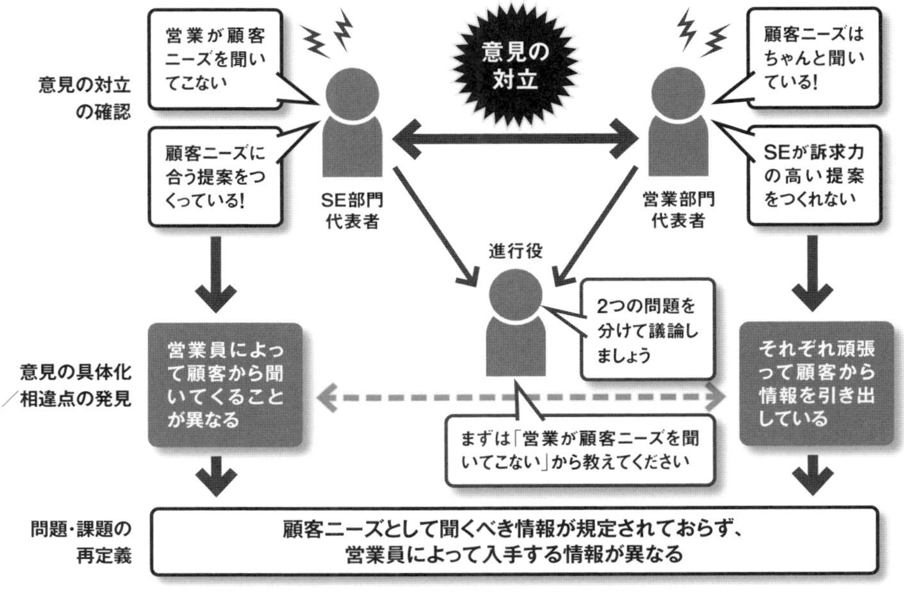

伝えてくる。別の営業員はシステム化の目的や解決したい課題、システム化の要望を伝え、制約条件は伝えてこない。これでは同質な提案をつくれない」というものでした。

　一方、営業側の意見は、「営業員によって聞いてくる情報は違うかもしれないが、それぞれ頑張って顧客から情報を引き出している」というものでした。つまり、「顧客のニーズを聞いてくる」の意味の理解や、期待する状態がSEと営業で異なっていたのです。

　そこで、SE、営業の双方が納得するように、「顧客ニーズとして聞くべき情報が規定されていないため、営業員によって入手する情報が異なり、効果的な提案を作成する上で情報が不足することがある」という問題として再定義しました。双方は大塚による再定義に納得しました。

　問題についての意見が対立しても、用語の意味や期待する状態、問題の主語や発生頻度などを確認して、意見の相違点を明らかにします。こうすると、双方が納得する形で問題を再定義できるケースは少なくありません。

　続いて営業側の提示したもう1つの問題「SEが訴求力の高い提案内容をつくれない」も、同じように、双方の意見を具体的に確認しました。SE側の意見は「顧客のニーズに基づいてシステム化内容を検討している」、営業側の意見は「SEが検討したシステム化内容が、なぜ顧客ニーズを実現するのに有効か示されていない」というものでした。「提案」についての意味の理解や、期待する状態が違っていたのです。

　そこで大塚は、「当社の検討したシステム化内容が、顧客ニーズを実現する上でなぜ有効かが伝わる構成になっていない」という、双方が納得する問題に再定義しました。

　問題についての意見の対立は、現状の好ましくない状況についての認識が参加者の間で分かれる現象です。その場合、双方に意見があります。対立を解消するには、意見の内容を具体的に確認し、相違点を明らかにして、双方が納得する形で問題を再定義するのが有効です。

解決策についての意見対立

　日経ソリューションズにおける受注力強化プロジェクトの問題分析ミーティングでは、プロジェクトで解決を図る問題を決定後、解決策を検討している。現在は、「顧客ニーズとして聞くべき情報が規定されていないため、営業員によって入手する情報が異なる」という問題の解決策を参加者から集めている。

　「顧客に対する効果的な提案を作成するために必要な情報を洗い出して、営業が集める顧客ニーズの情報項目を規定し、それを徹底すればいい」。提案の作成や顧客先でのプレゼンで定評のあるSEが意見を出した。するとある営業員が異議を唱えた。

　「その案では不十分だ」。顧客からの信頼が高く、網羅的に情報を集めてくることでSEからも一目置かれている人物だ。SE部門、営業部門のキーパーソンの意見が対立したために、会議は一気に緊迫した。

　「それでは私からいくつか確認させてください」

　大塚が落ち着いて言った。2人は、大塚を見てうなずいた。

・・・・・・・・・・・・ 出題 ・・・・・・・・・・・・

　「顧客ニーズとして聞くべき情報が規定されていないため、営業員によって入手する情報が異なる」という問題の解決策について、SE部門と営業部門の間で意見が対立しました。この対立を解消します。進行役の大塚が、SE、営業の代表者にどのような情報を確認したか考えてください。

解決策のリスクと原因を確認

　SEの代表者が提起した「営業が集める顧客ニーズの情報項目を規定して、徹底する」という解決策は、営業部門の代表者から賛同を得られませんでした。そこで、進行役の大塚は営業部門の代表者に、提起された解決策のリスクとそれが発生する原因を確認しました。

　するとこのような返答がありました。「顧客ニーズとして集める情報項目を規定するのはいいが、ニーズの中には、顧客が絶対に実現したいMUSTニーズと、できれば実現したいWANTニーズが混在している。例えば、納期がMUSTニーズで、費用がWANTニーズの場合もあれば、逆の場合もある。当社が検討する解決策では、MUSTニーズは実現する必要があるが、WANTニーズは理由が明確であれば実現できなくて

図4-15　解決策のリスクと発生原因を確認して修正する
解決策についての意見対立を解消するプロセス

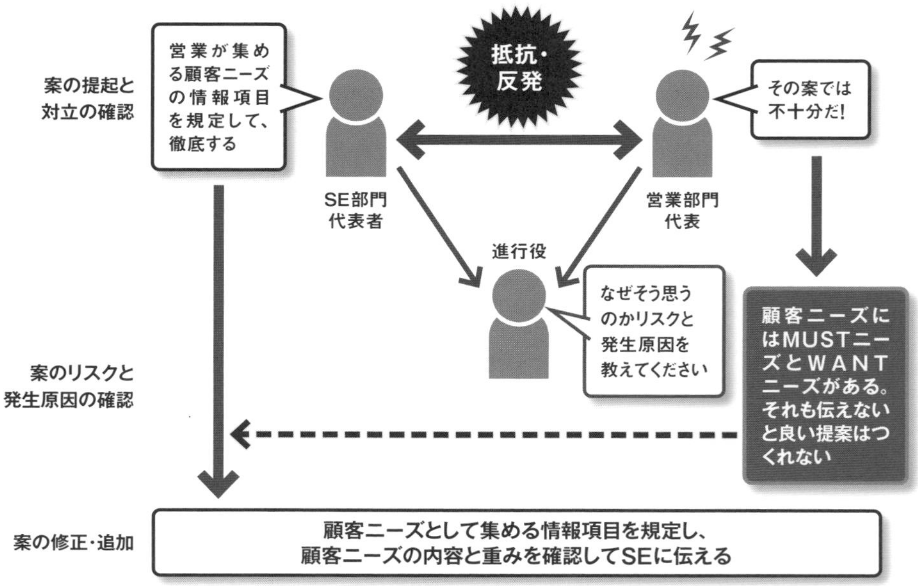

も問題はない」。皆、営業部門の代表者の発言を聞いています。

「すべてのニーズを反映しなければならないと考えると、それを実現するシステム化内容が検討できなかったり、顧客の想定を超える高額な見積もりになったりすることがある。そのため、顧客ニーズの内容を確認するだけでなく、それぞれの重みを理解してSEに伝えなければならない」というものでした。その意見については、解決策を提起したSE部門の代表者も理解を示しました。

そこで大塚は、解決策を「顧客ニーズとして集めるべき情報項目を規定し、顧客からニーズの内容とその重みを確認してSEへ伝える」と修正して説明し、会議の参加者全員から同意を得ました。

解決策での意見の対立は、特定の参加者が提起した案に対して、他の参加者が異を唱える現象です。その際、同意しない参加者が別の案を持っているとは限りません。対立というより抵抗や反発という表現のほうがふさわしいかもしれません。

解決策に同意が得られないのは、多くの場合、提起された案にメリットがない（少ない）、デメリットが生じる、実現性がない（低い）といったリスクがあるからです。そのため、対立を解消するには、解決策のリ

図4-16　冷静に対処して全員が納得する結論を導く
問題・解決策について意見が対立した際の解消方法

問題についての意見対立	解決策についての意見対立
意見の相違点を明らかにして、双方が納得する形で問題を再定義する	解決策のリスクの内容とそれが生じる原因を具体的に確認して案を見直す

双方の意見を擦り合わせ、全員に納得してもらうことは可能

スクの内容とそれが生じる原因を具体的に確認し、案を見直すとよいでしょう。

　前述の通り、意見対立の解消方法を理解しておけば、多くの場合、双方の意見を擦り合わせられます。冷静に対処して、全員が納得する結論を導き出してください。

感情的な抵抗への対処

　20年ほど前、顧客企業C社の営業改革プロジェクトを支援する機会をいただきました。そのプロジェクトでは、改革内容を検討するメンバーが8人選ばれました。その中の1人が、現場の営業部門から3年前に営業企画部門へ異動したTさんです。Tさんは、C社内で知識が豊富な論客として名が通っていました。

　筆者は、プロジェクトの関係者を一堂に集めて、プロジェクトの趣旨や進め方を説明するキックオフミーティング（キックオフ）を開催した際に、初めてTさんに会いました。キックオフにはC社、当社から合わせて15人が参加していました。

　筆者がプロジェクトの進め方の説明をしていると、Tさんは、「こういうことも検討すべきではないか」「この検討は必要ないのではないか」など、何度も説明を止めて質問や意見を繰り返しました。その光景は、誰から見ても、質問や意見というより、プロジェクトに抵抗しているように映ったはずです。

　Tさんの意見には、もっともなものもあれば、どちらでもいいもの、やらなくていいものが入り混じっていました。筆者は、Tさんの意見を極力反映して進め方を修正し、気合を入れて次回の打ち合わせに臨みました。しかし、その努力は報われませんでした。Tさんはその打ち合わせでも、キックオフのときと同じように、説明の途中で質問や意見をぶつけてきたのです。中には、キックオフでTさんが指摘した意見とまったく反対の意見も含まれていました。

　改革プロジェクトでは、こういうケースがまれに発生します。筆者はこういう状態を「感情的な抵抗」と呼んでいます。それは、表面的に抵抗している内容とは別の原因で発生することがほとんどです。

筆者は、Tさんに連絡して個別に時間を取ってもらい、1対1で会話をすることにしました。まずは、キックオフやその後の打ち合わせで指摘された内容を確認し、それを進め方にどう反映するかの意見を確認しました。Tさんは終始、不機嫌な様子でした。その後、「プロジェクトについて気になっていること、理解できないこと、納得できないことがあれば教えてください」と本題を切り出しました。

　するとTさんは、「数年前にも同じようなプロジェクトに取り組んだ。そのときもメンバーに選ばれて多くの時間を割いたが、そこで検討した内容はまったく実行に移されなかった」「そのときも外部のコンサルタントに進行役を任せたが、話を十分に聞いてもらえず、自分たちが考えた案を押し付ける形で検討内容がまとめられた」と当時のプロジェクトへの不信感を強い口調で延々と語ってくれました。

　Tさんが抵抗する本当の原因は、以前と同じようなテーマで改革プロジェクトに取り組んだのに新たにプロジェクトを立ち上げたこと、今回も同じような失敗をするのではないかという不信感があることの2つでした。

　それを理解した筆者は、進め方を大きく2つ変更することにしました。1つは、過去に類似したテーマで取り組んだ改革プロジェクトの成果物を最大限利用して検討を進めること。もう1つは、改革の施策を検討したら、業務的・技術的な観点で施策の実現性を評価し、短期間で実現できるものから順次実行に移すことです。その進め方の変更について、顧客側のプロジェクト責任者から合意を取り付けました。

　そして筆者は、Tさんへ再度、進め方の変更内容を個別に説明しました。Tさんは進め方の変更を喜んでくれました。それ以降、プロジェクトに積極的に協力してくれるようになりました。その協力はプロジェクトを進める上で大いに役立ちました。

　Tさんが協力的になった理由が、進め方を変更したからなのか、時間をかけてじっくりと話を聞いたからなのか、その両方なのかについては、今でもはっきり理解できていません。

Tさんの例のように、感情的な抵抗が発生した場合には、表面的な抵抗に対処するだけでなく、相手が抵抗する「深層の原因」を理解し、それを取り除くのが重要です。深層の原因を理解するには、抵抗する相手から個別に話を聞く必要があります。相手は、抵抗する本当の理由を、大勢の前では話したがらないからです。もし何らかの理由で、相手と直接会話しづらい関係にあれば、抵抗している相手が心を許すメンバーに依頼して話を聞いてもらうのも有効です。

　ただし、感情的な抵抗を収めるのは簡単ではありません。個別に話を聞いて深層の原因を理解しても、相手の感情が収まらないこともあります。その場合には、残念ですが、プロジェクト責任者などに相談して、メンバーを代えてもらうなどの対策を打つ必要があります。

4

第 5 章

コミュニケーション能力を発揮するために

対面と非対面のメリットを生かす 説明を小分けにして質疑応答

オンラインを活用した非対面コミュニケーションが日常化している。対面と非対面にはそれぞれにメリットとデメリットがあり、適する場面が異なる。上手にコミュニケーションするために対面と非対面を使い分ける方法を解説する。

業務改革やIT改革を成功させるコミュニケーションで留意すべきなのが、「対面」か、「非対面」かの選択です。

従来、相手とのコミュニケーションは、相手と直接対面で実施し、電話やメールで補足するのが一般的でした。しかし、今ではオンラインを活用して非対面でのコミュニケーション方法が日常化しています。

しかし、非対面でのコミュニケーションには、遠く離れた相手と簡単にやり取りできるというメリットがある一方で、重大なデメリットもあります。そのため、すべてのコミュニケーションを非対面で実施するのはお勧めできません。

そこで、関係者とのコミュニケーションにおいて対面と非対面を使い分ける方法を解説します。スピード工業の岡田課長も、使い分けに悩んでいるようです。

問題分析の結果をレビューする

スピード工業の「工場業務改革プロジェクト」では先週、「問題分析ミーティング」を開催した。そこでは、参加者同士の意見交換を通してプロジェ

クトで解決を図る問題を決定し、その解決策のアイデアを集めた。

　進行役を務めたIT部の岡田課長は、会議を無事に終えたことを報告するため、事前に親身なアドバイスを受けた日経ソリューションズの大塚を訪ねた。

「問題分析ミーティングを無事に終えることができました。大塚さんにアドバイスいただいたおかげです」

　岡田はうれしそうな表情で状況を報告し、礼を述べた。

「それはよかった！　おめでとうございます」

　大塚は笑顔でねぎらいの言葉をかけた。

「来週には、議論の結果を検討メンバーに確認したいと思います」

「問題分析の結果をレビューするのですね。早く確認したほうがいい」。大塚がうなずきながら同意した。

「忙しい検討メンバーを同じ場所に集めるのは難しいので、オンライン会議で確認したいと考えています。問題ないでしょうか？」

岡田は参加を予定する10人の顔を思い浮かべ、自信のない表情で質問した。

「問題ないと思います。すべての会議を対面で実施するのは難しいですよね」。大塚が慰めるように答えた。

「関係者と打ち合わせをする際に、対面と非対面を使い分ける方法を教えていただけますか？」

「了解しました。ご説明しましょう」

非対面コミュニケーションが日常化

従来、コミュニケーションは、相手と直接「対面」で行うのが一般的でした。ところが、「グローバルビジネスの進展により、国境を越えた相手とやり取りする必要がある」「感染症の予防措置により近距離で話せない」などの影響で、対面のコミュニケーションが難しい局面は増えています。一方で、通信技術の発展や、ビジネスチャットのTeamsやWeb会議ツールのZoomなどのアプリケーションの登場により、距離の離れた相手とオンラインを活用してコミュニケーションするインフラが整いました。

このような背景を受け、近年では、オンラインを用いた「非対面」でのコミュニケーションが日常化しています。対面と非対面でのコミュニケーションには、それぞれメリットとデメリットがあります。関係者と打ち合わせをする際には、それを理解して場面に応じて使い分けることが重要です。

情報や意見を伝える2つの表現方法

対面と非対面を使い分ける方法を説明する前に、それと密接に関係する、コミュニケーションでの2つの表現方法について解説しておきます。表現方法とは、情報や意見の伝え方、受け取り方のことです。

表現方法には、大きく「言語（バーバル）」と「非言語（ノンバーバル）」

表5-1　非言語で伝えられるメッセージは多い

コミュニケーションにおける2つの表現方法

	言語（バーバル）	非言語（ノンバーバル）
定義	言語や文字を使って、情報や意見を伝え、理解を示す	言語や文字以外の手段を使って情報や意見を伝え、理解を示す
手段	会話、資料、メール　など	顔の表情、視線、身ぶり手ぶり、体の姿勢、相手との距離、声の大きさ・高さ、声色、話すスピード、間の取り方　など
適する情報	・業績や業務の実態を示す数値データ ・誰もが共通に認識している問題 ・既存システムの特定機能の改善策　など	・様々な原因が絡み合って発生している複雑な問題 ・ITだけでなく業務のプロセスやルール、組織にまで踏み込んだ解決策　など

5

の2つがあります。言語は、言葉や文字を使って情報や意見を伝え、理解を示す表現方法です。会話、資料、メールといった手段を用います。

　非言語は、言葉以外の手段を使って情報や意見を伝え、理解を示す表現方法です。非言語の手段には、顔の表情、視線、身ぶり手ぶり、姿勢、相手との距離などがあります。また、声の大きさや高さ、声色、話すスピード、間の取り方などの話し方も、「パラ言語」と呼ばれる非言語の一部です。非言語は特に、言語だけでは正しく伝えにくい、理解しにくい情報をやり取りするときに適した表現方法です。

▌非言語の活用が有効な情報

　それでは「言語だけでは正しく伝えにくい、理解しにくい情報」とは、どのような情報でしょうか。

　「業績や業務の実態を示す数値データ」「誰もが共通に認識している問題」「既存システムの特定機能を改善する解決策」などは、言語だけでも

伝えやすく、理解しやすい情報です。

　一方で、「様々な原因が絡み合って発生している複雑な問題」「ITだけでなく業務のプロセスやルール、組織にまで踏み込んだ解決策」などは、言語だけでは伝えにくい、理解しにくい情報です。非言語は、こういう情報のやり取りに向いています。例えば、身ぶり手ぶりを使い、声の大きさや高さを変えて情報を伝えます。また、相手の表情や、うなずいたり首をかしげたりといった動作などに着目して理解度を確認します。

　多数のメンバーを集めた1対Nのコミュニケーションでは、非言語を使ったコミュニケーションは極めて有効です。

▎対面と非対面のメリット・デメリット

　それでは次に、対面と非対面それぞれのメリットとデメリットを見ていきましょう。

　対面は、相手と直接対面してコミュニケーションする方法なので、表情や視線、身ぶり手ぶりなどの非言語を有効に活用してコミュニケーションを取れるのがメリットです。半面、コミュニケーションを取るメンバー全員が同じ場所に集まる必要があり、移動の時間やコストがかかる、近距離で接触するなどがデメリットです。

　一方、非対面は、メンバーそれぞれが自宅やサテライトオフィスなど任意の場所からコミュニケーションを取れるので、移動に時間やコストがかからない、近距離で接触する必要がないのがメリットです。ただ、画面を通したコミュニケーションになるので、投影する範囲や内容に制約があり、非言語の活用はかなり限定されます。

▎対面と非対面の使い分け

　対面と非対面のメリット、デメリットを踏まえて、それぞれに適する業務改革やIT改革の検討での代表的なコミュニケーション場面を考え

図5-2　言語だけで伝えやすい情報はオンラインでも

「対面」「非対面」のメリット・デメリットと適用場面

対面

直接対面でのコミュニケーション

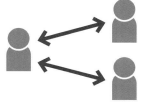

- ■ **メリット**
  顔の表情・視線・身ぶり手ぶりなどの「非言語」を有効活用できる
- ■ **デメリット**
  移動に時間やコストがかかる
  至近距離での接触が必要

↓

言語だけでは伝えにくい／理解しにくい情報のやり取りに適する
- ・進め方や解決策を説明する
- ・問題／課題、解決策の意見を集める
- ・多数の関係者が意見を出し合う　など

非対面

オンラインを使った非対面でのコミュニケーション

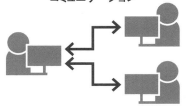

- ■ **メリット**
  移動に時間やコストがかからない
  近距離で接触する必要がない
- ■ **デメリット**
  「非言語」を活用したコミュニケーションに制約がある

↓

言語だけでも伝えやすい／理解しやすい情報のやり取りに適する
- ・会議の日時や場所を伝える
- ・集めた情報、議論した内容を確認する
- ・合意した案の修正点を確認する　など

ます。

　「関係者（個人／複数／多数）に自分（改革推進側）が考えた解決策やプロジェクトの進め方を説明する」「個人あるいは複数の関係者から現状の問題や課題、その解決策についての意見を集める」「多数の関係者を集めて相互に意見を出し合い、全員が納得する結論を出す」などの場面は、非言語の活用が有効なので、対面でのコミュニケーションに適しています。

　「会議の日時や場所を伝える」「集めた情報や議論した内容を整理した

ドキュメントを確認する」「一度対面でレビューした進め方や解決策の修正点を確認する」などの場面は、言語でも伝わる、理解できる情報をやり取りするため、非対面でのコミュニケーションに適しています。

■対面に向く場面を非対面で実施するには

ただし、本来は対面が適する場面でも、距離の離れた相手とオンラインを使って非対面でコミュニケーションを取らなければならないケースがあります。例えば参加者に対し、課題の解決策や改革プロジェクトの進め方を説明するとき、意見を集めるとき、また多数のメンバーで意見を出し合い、課題についての結論を導くときが該当します。そういうときには、非対面のデメリットを消した、上手なコミュニケーションの工夫が必要です。工夫の例は以下のようなものがあります。

「参加者にこちらが考えた解決策やプロジェクトの進め方を説明する場面」では、説明内容を小分けにして説明し、その単位で相手からの質問や意見を確認するようにします。進め方を説明する際には、「プロジェクト発足の背景・目的」「検討方針」「検討手順」「検討体制」「検討スケジュール」などの単位に区切って説明し、それぞれの内容に関して相手から質問や意見を受けます。そこで質問や意見が出たら、随時、回答や対応方法を説明するのです。

その際、声の大きさや高さ、声色、話すスピード、間の取り方などの話し方に気をつけて、相手が飽きないような説明にするのが大切です。例えば、強調して説明したい重要な内容は大きな声でゆっくりと説明する、あまり重要ではない内容はスピードを上げて説明する、といった具合です。

「現状の問題や課題、その解決策についての意見を参加者から集める場面」では、集めたい情報や意見をメールや電話で相手に事前に伝えておき、非対面での打ち合わせまでに、提供可能な情報や関連する資料を準備してもらうようにします。できれば準備した内容を打ち合わせ前に

図5-3　事前に準備するとよりスムーズ
対面向きの場面を非対面で実施する際の工夫の例

参加者に解決策や進め方を説明する

→ 小分けにして説明し、その単位で質問や意見を受ける
→ 声の大きさ・高さ、話すスピードなど話し方に気をつける

問題や課題、解決策についての意見を集める

→ 集めたい情報や意見を事前に伝えておく
→ 相手の発言に対し、マイクをオンにして自分の反応を
　簡潔に伝える

多数のメンバーで意見を出し合い、結論を導く

→ 集まれるメンバーが先行して対面で議論し、仮の結論を
　出しておく
→ 仮の結論を、その他のメンバーに非対面で説明する

送付してもらい、内容を確認しておくと理解が進みます。

　相手の意見を聞いている最中には、マイクをオンにして、意見の内容を理解している、意見に同意しているなど、自分の反応を簡潔な言葉で相手に伝えると効果的です。それにより、相手は自分（聞き手）が理解や同意をしている様子を確認できるので、安心して話すことができます。

　「多数の関係者を集めて相互に意見を出し合い、全員が納得する結論を出す場面」は、非対面では極めて難しいコミュニケーション場面です。どうしても全員が同じ場所に集まれないのであれば、集まれるメンバーだけで先行して議論して仮の結論を出し、それを不在だったメンバーに後日、非対面で説明して質問や意見を受ける、といった工夫が必要です。

Episode

マイクをオンにした後輩

　前職に、筆者より10歳ほど年下の後輩で、自他共に認める聞き上手なMさんがいました。Mさんは、3-3「相手に話したいと思わせる聞き方」で解説したアクティブリスニングの前傾、記録、注視、相づち、同意・共感、驚嘆（きょうたん）といった動作やリアクションを縦横無尽に使いこなして、多くの顧客を魅了していました。

　ただし、アクティブリスニングには1つ重大な欠点があります。オンライン会議では、PCの画面越しで情報を伝え合うため、その活用が制限されることです。オンライン会議の日常化によって、アクティブリスニングの達人であるMさんは仕事がやりにくくなるのではないかとひそかに心配していました。

　そんなころ、新たにプロジェクトを立ち上げた顧客企業D社から提案の依頼を受けました。筆者は、提案を検討するためのインプットになるD社の状況やニーズを確認するため、Mさんと一緒にオンライン会議に参加しました。顧客からは5人が、当社からは4人が参加しました。

　参加者のほとんどは面識がなかったので、最初にそれぞれが画面に顔を出して簡単に自己紹介をしました。その後、プロジェクトリーダーを務めるSさんが、プロジェクトの概要、当社に期待することについて説明を始めました。その際、Sさん以外の参加者は（筆者も含めて）、マイクをオフにしてSさんの話に聞き入りました。オンライン会議では、誰かが説明や発言をするとき、ノイズが入らないようにマイクをオフにするのがマナーだと考えられていたからです。

　しかし、画面をよく見ると、MさんだけはSさんの説明中もマイクをオンにしています。筆者は最初、単にオフにし忘れているのだろうと思いました。しかし、それは大きな誤りでした。Mさんは、Sさんが説明する内

容に応じて、「なるほど」「よく分かります」「それはすごいですね」など、同意・共感や驚嘆を表す言葉を、マイクを通して小声で発したのです。それだけではなく、通常、対面の会議では声にしない相づちを、「うんうんうん」と音にして発したのです。Mさんの言葉を受けて、Sさんの説明がどんどん流ちょうになっていくのが、聞いていてはっきりと分かりました。

　Mさんの行動は、「マイクをオンにすると説明者は話しづらくなる」と決めつけていた筆者にとって衝撃的でした。後にMさんに会った際、わざとマイクをオンにしていたのかを聞くと、「もちろんそうです」とあっさりと答えました。やはり彼は意図的にマイクをオンにしていたのです。

　音声を使ってアクティブリスニングをする手法の効果を実感した筆者は、それ以降、時折、オンライン会議の場で「マイクオン」のコミュニケーションを取り入れています。

　オンライン会議が日常化したのは、まだほんの数年前の話です。オンライン会議での上手なコミュニケーション方法は、これからもっと進化していくでしょう。

「誰が」伝えるか、受け取るか
普段から相手と信頼関係を築く

円滑なコミュニケーションは「誰が」伝えるか、受け取るかが重要だ。そのためには、普段から接点を持つ相手と良好な関係をつくっておくことをお勧めする。相手から信頼を得るための日常的に実践すべき行為を解説する。

　業務やITを改革するプロジェクトでは、経営層、事業部門、IT部門、外部パートナーなどと密にコミュニケーションする必要があります。本書ではこれまで、様々な関係者と上手にコミュニケーションを取るための考え方と実践的な方法を紹介してきました。

　プロジェクトでのコミュニケーションを上手に実施する鍵がもう1つあります。それは、一緒に仕事をする前から良好な関係をつくっておき、相手に良い印象を与えておくことです。それにより、実際に相手と仕事をする際のコミュニケーションが非常に円滑になります。

　相手と事前に良好な関係をつくる、良い印象を与えるには、シンプルで日常的な行為が極めて重要です。本書の最後では、これまでに解説してきた内容を振り返ると共に、コミュニケーションを円滑に行うために有効な日常的な行為について触れます。

日ごろからメンバーと親交を持つ

　医療機器を製造・販売するスピード工業の「工場業務改革プロジェクト」では、4つの部署から選ばれた検討メンバー10人の協力を得て、解決を図る問

題・課題、その解決策と実行計画を検討した。解決策を計画通り実行すれば、業務負荷の軽減と製造コストの削減が実現できる見込みだ。

　プロジェクトの推進事務局を務めるIT部の岡田課長と2人の部下は、プロジェクトの責任者である森山工場長に検討の経緯と結果を報告した。いくつか質問や指摘は受けたが、検討結果は承認された。工場長は、これまでの活動について、3人にねぎらいの言葉をかけた。

　これをもって業務改革での実現内容を検討する「構想策定フェーズ」は終了した。次は、解決策を準備する「新業務・システム構築フェーズ」を実施する予定だ。推進事務局のリーダーの岡田は、これまで数々のアドバイスを受けてきた大塚を訪ねた。

> 大塚さんのおかげで、工場長への報告がうまく行きました

> 良かったですね。日ごろの人間関係もあるでしょうね

岡田　　　　　　　　　　　大塚

「工場長への報告が無事に終了しました」
岡田がうれしそうに報告した。
「おめでとうございます！　よく頑張りましたね」
大塚も満面の笑みで応えた。

「大塚さんに助けていただいたおかげです。ありがとうございました」

岡田は礼を述べ、頭を下げた。

「アドバイスしたことをすぐに実践するのは大変だったと思います。ご苦労さまでした」

大塚は、アドバイザーとしての役割を終えて、肩の荷が下りた様子だ。

「なんとか無事に終えることができましたが、日ごろからもっと現場メンバーと親交を持ち、現場の悩みを理解しておくべきだったと反省しています」。岡田が率直に述べた。

「確かに、日常で人間関係をつくっておくのは重要ですね」。大塚は、うなずきながら岡田の意見に同意した。

「コミュニケーションを円滑に行う上で、日常の気をつけるべきポイントを教えてください」

「了解しました。最後に説明しましょう」

「最後ではないですよ。次のフェーズでもアドバイスをお願いしますので」

岡田がほほ笑みながらお辞儀した。いつも冷静な大塚が驚いた表情を浮かべた。

▌コミュニケーションの3つのスキル

本書ではコミュニケーションを「伝える」「受け取る」「合意に導く」の3つのスキルに分けて、それぞれを効果的に実施するための考え方と方法を解説してきました。その内容を簡単に振り返りましょう。

「伝える」スキルとしては、まず、自分（改革推進側）が考えた解決策や進め方などの施策だけでなく、それに取り組む相手にとってのメリットを伝えることが有効です。また、相手に興味を持って聞いてもらうため、施策の必要性を示す分かりやすいストーリーや、有効性や実現性の根拠となる数字などを準備して説明します。説明の場では、ゆったりした口調で抑揚をつける、身ぶり手ぶりを使うなど、相手を飽きさせないようにプレゼンしましょう。

「受け取る」スキルとしては、最初に、相手からどんな情報や意見を、どういう手段で集めるか決める必要があります。ヒアリングで情報や意見を集めるときは、欲しい情報や意見を事前に伝えておくのが大切です。ヒアリングの場では、Open-Close質問や、深掘り質問、反復質問などの質問法を使って効率良く情報を集めましょう。相手に興味を持っていることを伝えるアクティブリスニングを使った聞き方をすると、相手は積極的に情報や意見を出してくれます。

　「合意に導く」スキルとしては、会議の種類に応じて会場をレイアウ

図5-4　3つのスキルを使いこなしてコミュニケーションを取る
「伝える」「受け取る」「合意に導く」コミュニケーションスキル

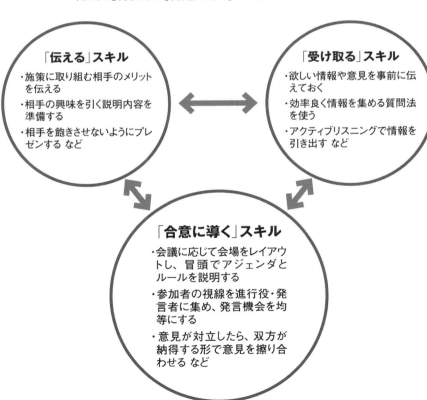

トし、アジェンダを示してルールを決めておくと会議を効率良く運営できます。議論の進行では、参加者の視線を進行役や発言者に集める、参加者の発言機会を均等にする、発言の意味を全員が理解できるようにする、といった点に気を配ります。参加者の間で問題や課題について意見が対立したら、相違点を明らかにして問題や課題を再定義しましょう。解決策や進め方の意見対立では、案のリスクと発生原因を確認して案を見直します。

　対面のコミュニケーションは、非言語を有効に活用できるので、複雑な問題や解決策など、簡単に伝えにくい、理解しにくい情報をやり取りするのに向いています。非対面のコミュニケーションは、業績や業務の実態を示す数値データや比較的単純な問題など、言語だけでも伝わる、理解できる情報のやり取りに向いています。

▌相手から信頼を得る日常行為

　これまで説明してきたように、上手なコミュニケーションには「何を」「どうやって」伝えるか、受け取るかが重要です。ただし、それと同じくらいに、あるいはそれ以上に重要なのは、「誰が」伝えるか、受け取るかです。

図5-5　相手と普段から良好な関係をつくる
相手から信頼を得る5つの日常行為

❶ 面識のある相手には先に挨拶する
❷ 相手や相手が担当している仕事に関心を示す
❸ 職位や年齢、職歴で対応を変えない
❹ 頼まれた仕事を簡単に断らない
❺ 任された仕事は必ずやり遂げる

相手は、話す人や聞く人によって、聞いてくれるし、話をしてくれます。しかし人によっては聞いてもらえないし、話もしてくれません。相手から、話を聞きたい、話をしたいと思ってもらうことが、コミュニケーションを成功させる鍵になります。

　そのためには、相手から信頼を得ることに尽きます。ただし、信頼は短時間で得られるものではありません。普段から仕事や仕事以外で接点を持つ相手と良好な関係をつくっておきましょう。また、面識のない相手から「一緒に仕事をしてみたい」と思われるような印象を与えておくのも大切です。

　筆者は、相手から信頼を得る上で有効な、日常的な行為が5つあると考えています。

1．面識のある相手には先に挨拶をする

　面識のある相手に会ったときは、自分から先に挨拶するようにしましょう。挨拶をするだけで、相手から良い印象を持たれるからです。

　筆者は若手社員のころ、面識はあるものの、それほど親しくはない別の部署の先輩たちとすれ違うとき、こちらから挨拶をしていました。特に見返りを期待していたわけではありませんでしたが効果は抜群でした。相手は最初、軽くうなずく程度でしたが、しだいに向こうから声をかけてくれるようになり、その後、一緒に仕事をする機会を与えてくれました。当時の筆者には、そういう先輩が何人もいました。

　面識のある相手にすすんで挨拶をするのは、信頼を得るための基本的な行為です。

2．相手や相手が担当している仕事に関心を示す

　信頼を得るには、相手と会話する際、相手や相手が担当している仕事に関心を示すのが有効です。「自分や自分の仕事に関心を持っている」と理解してもらうと良い印象を与えられます。具体的には、相手の経歴や職歴、相手が担当している仕事の必要性や重要性、それを遂行する上

で苦労していたり困っていたりすることを相手から聞き出し、それに同意・共感するのです。もし会話する場があると事前に分かっているのであれば、前述の事柄を分かる範囲で調べて、話す内容や質問する内容を考えておきましょう。

　逆に、相手が嫌がる言動や身なりをしないように気をつけましょう。特に気をつけたいのが、相手が所属する企業や組織の風習です。企業や組織には、長い期間をかけて形成された風習があります。それは、その企業や組織では、どういう言動をすべきか／すべきでないか、どういう身なり（服装やかばんや靴、髪の毛の色など）をすべきか／すべきでないかというものです。風習には、自分が普段気にしないようなことも含まれている場合があります。それを理解した言動、身なりをするように心がけ、相手から悪い印象を持たれないようにします。

3. 職位や年齢、職歴で対応を変えない

　職位が高い人や年齢が上の人、職歴が長い人には丁寧に接するのに、職位が高くない人や年齢が下の人、職歴が短い人には横柄な態度を取る人がいます。それでは周りからの信頼は得られません。誰に対しても、同じように接しましょう。

　職位が高くなくても、特定の分野で専門的な知識やスキルを持つメンバーはたくさんいます。改革を進める際には、そういうメンバーからの協力が大きな力になります。また、経験が浅く、それほど知識やスキルがない人に助言したり有益な人を紹介したりしておくと、彼らが成長したとき自ら協力を申し出てくれます。

　筆者はこれまで、多くの先輩たちにお世話になってきましたが、それ以上に多くの後輩たちから協力してもらいました。職位や年齢や職歴に関係なく、誰にでも同じように接する姿勢は自分への助けになります。

4. 頼まれた仕事を簡単に断らない

　相手から仕事を依頼されたとき、自分の知識やスキルでは対応できな

い、あるいは、知識やスキルがあっても業務負荷の都合で対応できない場合があります。そういうとき、簡単に断らないようにしましょう。せっかく依頼してもらった仕事を簡単に断ると、相手からの信頼は高まりません。断る前に、少しでも何か役に立てないかを考えて行動するのが大切です。

　例えば、依頼された仕事のすべては無理でも一部に対応できるなら、それを任せてもらえるように提案する。自分が面識のある人の中で、依頼された仕事を果たせそうな人がいたら紹介する。業務負荷が減り対応できるタイミングを伝える。こうした行動を取ると相手からの信頼が高まり、その仕事以外でも依頼を得る可能性が大きくなります。

5. 任された仕事は必ずやり遂げる

　任された仕事を「必ずやり遂げる」という姿勢で誠実に取り組むと、相手からの信頼につながります。

　もう10年以上前ですが、筆者は、ある重要なプロジェクトを、同じ会社の年の離れた若手メンバーと一緒に担当しました。彼と仕事をするのは、そのプロジェクトが初めてでした。そこでは、筆者が顧客の経営層、上位管理者層向けのタスクを担当し、彼に実務者層向けのタスクを担当してもらいました。彼に任せた仕事は、簡単なものではなく、量も膨大でした。

　しかし彼は、自分のタスクだけでなく、筆者のタスクまでこなしてきたのです。彼は作成した資料を見せて、「使えるところがあれば使ってください」と遠慮気味に言いました。その内容は、少し修正するだけで使えるものでした。筆者が彼への信頼を高めたことは言うまでもありません。そのプロジェクトが終わってからも、実は今でも、繰り返し彼に協力を依頼しています。

　任された仕事をやり遂げるのは、仕事の内容によっては容易ではありません。仮にやり遂げられなかったとしても、「必ずやり遂げる」という姿勢で臨むと、相手からの信頼は確実に高まります。

組織の文化やマナーにも興味を

　数年前に友人のベテランコンサルタント、Kさんから聞いた話です。K さんはその頃、ある顧客企業から重要なプロジェクトのサポートを依頼されました。サポートは、過去に同じような取り組みを経験した部下のNさん中心の体制で行うことにしました。Nさんは頭脳明晰なコンサルタントなので、自信を持って顧客に紹介しました。

　ところが、1カ月もたたないうちに、顧客のプロジェクト責任者である事業部門の幹部から電話がかかってきました。用件は「Nさんを代えてほしい」とのこと。まさかの事態に慌てたKさんは、その日のうちに顧客を訪問しました。

　プロジェクト責任者に交代の理由を聞くと、それはNさんの日常での振る舞いにありました。顧客のメンバーが着ない派手な色のワイシャツを着てくる、開始時間ギリギリに廊下を走って会場に入室する、メンバーの発言途中にチラリとスマホをのぞく、休憩中に会議室で無関係な電話をする、などが繰り返されたそうです。1つひとつは大きな問題ではありませんが、昨日も同じような振る舞いがあり、不信感を募らせていたメンバーの怒りが爆発したとのこと。

　「Nさんの行動は、当社にとって好ましいものではありません。何度か軽く注意しましたが改善は見られませんでした。これ以上一緒に仕事を続けることはできません。Kさんには、成果物だけでなく、日常での行動も管理・指導してほしかった」と厳しい口調で注意を受けたそうです。

　Nさんは、コンサルタントとしての力量を発揮する前にプロジェクトから外れる結果になりました。いつもは明るいKさんが暗い表情で話してくれました。

　まったく逆のケースもあります。5-2「相手から信頼を得る日常的な行

172

為」でも紹介したエピソードです。顧客企業E社からプロジェクトの支援を任されたときの話で、筆者は、当時30代前半の若手コンサルタントだったHさんと初めて一緒に仕事をしました。

　当時、筆者は他のプロジェクトも担当しており、E社には週に2日程度訪問していました。Hさんは、そのプロジェクトに専従していたので、毎日訪問していました。支援を開始して1カ月もたたないころ、筆者は、E社のプロジェクト責任者から呼ばれました。何の用件か分からず伺うと、「非常に優秀なメンバーを入れていただいて感謝しています」とHさんのことを褒めてくれました。

　理由は主に、周囲への気遣いでした。毎日、プロジェクトルームに誰よりも早く出社し、他のメンバーが出社すると大きな声で挨拶をする。懇親会に誘うと自ら日程を調整して場所を予約する。場所を決める際には、参加者の好きな食材や苦手な食材、好きなビールの銘柄まで配慮する。E社のプロジェクトメンバー全員がHさんに好意的な印象を持っているとのことでした。後輩が絶賛されてとてもうれしく感じましたが、筆者にはできない振る舞いなので、冷や汗をかきながら聞いていました。

　Hさんはコンサルタントとして極めて優秀な上、気遣いの面で筆者の想定をはるかに上回る人材でした。最初に入ったプロジェクトが終わった後もE社から指名を受けて、別のプロジェクトで活躍を続けました。

　相手に関心を示すというのは、相手の担当する仕事に関心を持つことだけとは限りません。相手の所属する企業や組織の文化およびマナー、相手の嗜好性にまで気を配ることなのです。それができなかったNさんはプロジェクトを外されてしまい、それができたHさんは同じ顧客から継続して仕事を依頼されるようになったのです。

5

おわりに

　筆者はコミュニケーションがうまい人間ではありません。むしろ、どちらかというと下手な部類の人間だと思います。実は、学生時代や新卒で会社に入った頃は、「自分はコミュニケーションがうまい」と思い込んでいました。周りにいる友人や知人から「話がうまい」「説得力がある」などと言われることが多かったからです。

　しかし、会社で経験を積むにつれ、いろいろな立場や考え方の人たちと一緒に仕事をするようになり、自分の認識が誤りだったと気づかされました。仕事を始めて数年の間に、コミュニケーションがうまく取れなかったことに起因する失敗を繰り返したからです。

　最初のうちは、自分の言いたいことを理解してくれない相手や、自分のやりたいことに協力してくれない相手のほうがおかしいと決めつけていました。しかし、失敗を繰り返すうちに、自分のコミュニケーション力は、自分と立場や考え方の近い人たちにだけ通用するものだと自覚するようになりました。

　以降、いろいろな立場や考え方の人たちと上手にコミュニケーションするための勉強を始めました。そこで分かったのは、心理学、組織行動学、社会学、文化人類学など、コミュニケーションに関係する知識は多岐にわたるということです。その中には、簡単には理解できないものや、すぐには使えないものも少なくありませんでした。

　そこで筆者は、自分が担当する改革プロジェクトで使えると考えた知識を選択して使うようにしました。あまり役に立たないものもありましたが、効果が実感できるものもたくさんありました。そういう経験を繰り返すうちに、以前よりは上手にコミュニケーションが取れるようになったのではないかと考えています。

　本書では、筆者が改革プロジェクトを支援する際に使い、役に立つと考えたスキルを中心に紹介しました。その中には、筆者が実践を通して形式化したノウハウも数多く含まれています。本書が、改革プロジェク

トの推進を任された皆さんにとって少しでもお役に立てるとしたら、これ以上にうれしいことはありません。

　筆者がまだ若手の頃、上手なコミュニケーションを取り見本とさせていただいた日立製作所のOBである奥村雅彦さん、桐山茂美さん、宇川祐行さん、酒井千穂さん（旧姓、鶴田さん）、ケプナー・トレゴー日本支社のOBである中島一さん、山本耕三さんには、この場を借りて厚く御礼を申し上げます。

　また、日立コンサルティング在籍時から今まで一貫して応援してくれている、元同僚の加藤康光さん、宮林正典さん、高橋秀徳さん、寺田竜治さん、三木英知さん、濱川大志さん、山縣陽子さんにも大変に感謝しています。

　そして、転職後の慣れない環境の中で、いつも気にかけて親切にしていただいている日立ソリューションズの藤井千絵さん、志場綾子さんにもこの場を借りて御礼を言わせてください。

　最後になりますが、今回、私が現場で培ってきたノウハウを、書籍という形で発表させていただく機会を与えてくださった日経BPの中山秀夫さん、中川真希子さんには大変に感謝しております。ありがとうございました。

2024年3月

水田 哲郎

水田 哲郎（みずた・てつろう）
日立ソリューションズ 理事 エグゼクティブITストラテジスト

1990年、日立製作所に入社。以降、日立コンサルティング、日立ソリューションズで一貫してシステム企画や要件定義の方法論の開発・普及、顧客企業向けのコンサルティング業務に従事。近年は、コンサルティング業務と並行して、事業会社のシステム部門やITベンダーで研修や講演の講師も務める。著書は『演習で身につく要件定義の実践テクニック』、『誰も教えてくれなかった システム企画・提案 実践マニュアル』、『確実に成果を出す「業務変革型DX」の進め方』（日経BP）など多数。

対立・抵抗を解消し合意に導く
改革リーダーのコミュニケーション術

2024年3月18日　第1版第1刷発行	著　　者	水田 哲郎
	発 行 者	森重 和春
	発　　行	株式会社日経ＢＰ
	発　　売	株式会社日経ＢＰマーケティング
		〒105-8308
		東京都港区虎ノ門4-3-12
	装丁・制作	マップス
	編　　集	中川 真希子
	印刷・製本	図書印刷